AF456089

COUTUMES

GÉNÉRALES
DU BAILLIAGE
DU BASSIGNY,

RÉDIGÉES par les trois États d'icelui, convoqués à cet effet par ordonnance de Sérénissime Prince CHARLES, *par la grace de Dieu, Duc de Calabre, Lorraine, Bar, Gueldres, &c. Et homologuées par S.* ALTESSE *au mois de novembre* 1580.

Avec le Stile contenu au cayer suivant.

Sur l'Imprimé à Pont-à-Mousson en 1607.

A NANCY,

Chez H. THOMAS père & fils, Imprimeurs-Libraires, à la Bible d'or.

M. DCC. LXI.

AVEC PRIVILEGE DU ROI.

A
SON ALTESSE.

ONSEIGNEUR,

ENTRE tant de dons, de graces que Dieu a fait à l'homme, il s'en remarque un singulier, qui est que sa providence divine ne l'a jamais délaissé sans moyens pour le connoitre & servir, à la fin qu'il l'a créé : car il se trouve tant ès histoires sacrées que pro-

fanes, que dès le commencement il a eu par signes & paroles, instruction de ce qu'il devoit faire, & des législateurs (la plusspart référans leurs loix à Dieu, ou autres d'authorité, pour rendre chacun plus enclin & obéyssant à l'observation d'icelles), ainsi que Moyse fit le premier, qui, à l'appuy du Créateur, de la montagne apporta aux Hébreux la loi divine entaillée en deux tables de pièrre, & (selon l'histoire profane) Phoroneus roi des Athéniens, aux Grecs: Trimegistus (sous le nom de Mercure) aux Égyptiens: Minos (sous celuy de Jupiter) aux Crétensiens: Licurgus (celuy d'Apollon) aux Lacedémoniens: Dracho & Solon (à l'invocation de la déesse Minerve) aux Athéniens, & furent icelles insculpées en bois: Numa Pompilius (se feignant favorisé d'Ægéria la nymphe) en trouva aux Romains, lesquels avec d'autres, depuis tirées de Grèce, ils firent mettre en douze tables d'yvoire & d'airain, que l'on appelle encore aujourd'huy les loix des douze tables; & de suite d'âge en âge les nations ont été conduites par loix, coustumes & usages propres à leurs temps & provinces, le tout à bonne fin, & sous le voisle de justice; laquelle soutenuë par les armes & les loix (pilliers de l'état public), *& bien administrée, fait régner & obéyr les grands, contenir les petits en leur devoir, & cause que les monarchies sont plus longtems conservées en leur entier, au témoignage de S*t. *Augustin, liv. 5 de la Cité de Dieu, disant que des quatre monarchies rapportées par Daniel, celle des Romains (combien qu'ils n'eussent la connoissance du vrai Dieu) a subsisté beaucoup d'avantage que les trois autres, à raison de l'étroite observation des vertus morales, & principalement de la justice. A l'imitation de quoy,* VOSTRE ALTESTE, *ainsi que prince de bonne nature, & l'époux de la république, en mariage politique, durant l'heureux règne de sa couronne, a toujours procuré le bien de son état, n'y épargnant sa personne à s'opposer contre l'injure d'icelluy, & en tems de paix & de troubles, à faire des saints édits, ordonnances, statuts & constitutions touchant la police divine & humaine, à ce qui étoit nécessaire pour l'entretenement des bonnes mœurs, correction des vices, soulagement de ses sujets, & de l'étranger qui auroit à faire avec eux : & en perpétuelle mémoire, rédiger par écrit les coutumes de ses pays, entr'autres celles de son bailliage du Bassigny, accordées par les trois états* *d'iceluy, convoqués dès l'an mil cinq cent quatre-vingt, les homologuer de son autorité souveraine, & par sa prudence donner tel ordre, que dès-lors en jugement & dehors indifferemment, elles ont été suivies & tenuës pour loix municipales, mais obstant les troubles survenus, n'ayant encore été imprimées, ni le stile dressé, chose autant nécessaire que la coutume, & le vrai moyen pour la pratiquer & relever le peuple de tant de frais que souvent il convenoit faire pour le vérifier par tourbes & autrement, les avocats postulans, procureurs & praticiens, avec les officiers dudit bailliage, assemblés de l'ordonnance de messire Jean de Beauvau, seigneur d'Avillier, Noviant-aux-Prez, Tremblecourt, Hamonville & terre de Hay, gentilhomme de la chambre de Monseigneur le Cardinal, conseiller en votre conseil d'état & bailly dudit Bassigny, &c. Et iceux ouis sur l'ancien usage & pratique, en auroit fait un cayer, pour, sous le bon plaisir de* VOSTRE ALTESSE, *être joint à celuy de la coutume, & ayant été communiqué aux trois états dudit bailliage qui l'ont agréé comme véritable & utile, & par* VOSTRE ALTESSE *reçu & homologué, j'ay, sous sa permission, pris la hardiesse de faire met-*

tre le tout ſous la preſſe, & le repréſenter en public, afin que votre ſainte intention ſoit accomplie, & chacun ſache comme il ſe devra gouverner à l'avenir en fait de juſtice, la majeſté de laquelle reluiſante audit bailliage, la Divine en ſoit honorée, & vos ſujets ſoulagés, ils ayent tant plus de moyens de la prier,

MONSEIGNEUR,

Qu'il lui plaiſe bénir cette œuvre, conſerver VOSTRE ALTESSE en ſanté & longue vie, avec accroiſſement de l'état de ſa noble Lignée. De votre ville de la Mothe, ce 2 novembre 1606.

Par ſon très-humble & naturel ſujet, MAMMES COLLIN.

COUTUMES
GÉNÉRALES
DU BAILLIAGE
DU BASSIGNY,

Rédigées par les trois Estats d'iceluy, convoquez à c'est effect par ordonnance de Sérénissime Prince CHARLES, *par la grace de Dieu, Duc de Calabre, Lorraine, Bar, Gueldres, &c. Et homologuées par* SON ALTESSE *au mois de novembre 1580.*

TILTRE PREMIER.
Des droicts de haulte-justice.

ARTICLE PREMIER.

LE seigneur haut-justicier a cognoissance de jurisdiction des délicts requérant peines de mort, & dernier supplice, mutilation & incision de membres, fustiguer, marquer, escheller, pilorier, reléguer, bannir hors sa terre; cognoistre des sortileges,

& simples sacrileges, & de toutes peines corporelles, & autres portantes notes d'infamie, pourveu qu'il ne soit question des cas privilegiez, qui sont les crimes de lèze-majesté : la cognoissance desquels doit appartenir, & appartient au bailly dudict Bassigny.

I I.

QUI confisque le corps, il confisque les biens, & appartiennent les biens aux hauts-justiciers des lieux, où lesdicts biens sont assis : mais le marit exécuté à mort, ne confisque que ses propres, & la moitié des meubles & conquests, & non ce qui appartient à sa femme par convention & paction matrimonialles, ou coustume.

I I I.

TOUS bannis à perpétuité, confisquent leurs biens.

I V.

LA femme mariée, par son forfaict, ne confisque que son propre seulement.

V.

LE signe patibulaire estant tombé, pourra estre relevé dedans l'an & jour, par le seigneur haut-justicier ; & aprés l'an & jour, convient en avoir permission de mondict seigneur le Duc, comme au semblable pour les piloris & carquans.

V I.

APPARTIENT aux hauts-Iusticiers, la création de tutelle & curatelle, main-mise, subhastation, interposition de décrets.

VII.

AUX hauts-justiciers, appartient donner asseurement à ceux qui le poursuivent en la justice, si les personnes afferment avoir occasion juste de le requérir : & est ledit asseurement commun & réciproque aux parties, la cognoissance de l'infraction duquel, appartient à leurs officiers.

VIII.

L'ESPAVE appartient aux seigneurs hauts-justiciers, & sera icelle signifiée ès jours de dimanches à l'issuë de la messe parochialle, & ce par trois publications, chacune de quinzaine à autre, & laquelle espave, si elle n'est recognuë par son seigneur & maistre, appartiendra au haut-justicier. Que si toutesfois ladicte espave consiste en chose qui se puisse consumer par usage en gardant, n'y aura que huit jours, le tems toutesfois réservé à la discrétion de la justice, suivant la valleur de ladicte espave: néantmoins si elle est recognuë dedans quarante jours, & que pendant iceux elle ait esté venduë, seront les deniers rendus au maistre d'icelle, en payant les despens tels que de raison.

IX.

LE receleur de ladicte espave, sera condamné en amende arbitraire, s'il ne la signifie à justice dedans vingt-quatre heures, suivant la qualité de l'espave.

X.

BIENS vaquans, sont aux seigneurs hauts-justiciers.

XI.

Si thrésor caché & mussé d'ancienneté, est fortuitement trouvé, appartient le tiers au seigneur haut-justicier, le tiers au seigneur de l'héritage où il est trouvé, & l'autre tiers à celuy qui l'a trouvé.

XII.

Les messiers & forestiers, seront creus de leurs rapports par leurs sermens, tant ès bois de gruyeries, communautez, qu'ailleurs, si doncques l'on ne vouloit faire apparoir au contraire, & par tesmoins sommairement, à quoy l'on pourra estre receu, sans estre tenu de faire aucune inscription de faux; & laquelle coustume aura seulement lieu pour le regard des prinses & mes-us, pour raison desquels eschet amende de cinq frans & au dessoub, & non autrement.

XIII.

L'amende de recousse, est arbitraire.

XIV.

Les contracts usuraires, & reprouvez de droict, n'emporteront aucun nantissement, & seront punis les contrahans, avec les notaires, suivant l'ordonnance de monseigneur le Duc : Et à la passation des contracts, les parties signeront, si elles sçavent signer, sinon en sera faicte mention expresse.

XV.

Tous seigneurs hauts-justiciers, pour leurs droicts seigneuriaux, peuvent par sergens procéder par exécution, & seront les exécutez tenus au nantissement réel, sans préjudice de leurs deffenses, & causes d'oppositions, si aucunes en ont, moyennant que les sergens exécuteurs ayent roolle signé du seigneur, ou de son procureur ou receveur.

XVI.

LES cris de fêtes appartiennent aux seigneurs hauts-justiciers, si donc notredict seigneur n'est haut-justicier avec eux: Auquel cas, le sergent de nostredit seigneur le Duc en fera les cris, nommant iceluy le premier, & les autres seigneurs après, si doncques la seigneurie n'est indivisée, & lors se feront lesdicts cris par le sergent ordinaire commun d'icelle, lequel nommera mondict seigneur Duc le premier, & les autres après.

XVII.

NE pourront les subjects des seigneurs hauts-justiciers, vendre, transporter, ou autrement aliéner à gens d'église, communautez, & autres de main-morte, aucuns héritages en la terre desdits hauts-justiciers, pour d'iceux héritages le mettre en saisine & possession, que premièrement lesdicts gens d'église, communautez, & de main-morte, n'ayent obtenu amortissement de mondict seigneur le Duc, quand l'acquest est au nom de l'église, communauté, & main-morte, & à faute de ce faire, lesdicts seigneurs pourront dans l'an & jour après qu'il leur sera enjoinct, en vuider leurs mains, leur faire commandement par leur justice dedans deux ans, après les ans & jour expiré, de mettre hors de leur puissance lesdicts héritages, à peine de les appliquer à leur domaine, laquelle peine sera déclarée, iceux appellez & ouys.

XVIII.

MONSEIGNEUR le Duc a droict de cognoistre de toutes matières d'exécution, sur sentences renduës par les mayeurs & officiers audict bailliage, l'an & jour après la date d'icelles.

XIX.

APPARTIENT aussi à mondict seigneur le Duc la cognoissance des exécutions faictes par vertu des lettres authentiques passées soubs son seel, & lequel lui est attributif de jurisdiction ès exécutions personnelles.

XX.

NULS habitans ne pourront faire assemblées, sans la permission du sieur bailly du Bassigny, ou son lieutenant, ne faire levées ne cueillettes de deniers, que le procureur-général, ou son substitut, ne soit ouy, si doncques n'est pour la police, affaires & reiglement de leur communauté tant seulement, avec permission des officiers des lieux, par devant lesquels ils rendront compte de ladicte cueillette.

TILTRE SECOND.

Des droicts de moyenne-justice.

ARTICLE XXI.

LES moyens-justiciers ont droict d'adjuster poids & mesures, d'imposer & lever amendes de soixante sols & au dessoub, sur les délinquans,

& si ils ont cognoissance de toutes actions personnelles & civiles sur leurs subjets, jusques à la somme de dix frans & au dessoub.

TILTRE TROISIÈME.

Des droicts de basse justice, & fonciere.

ARTICLE XXII.

LE seigneur bas-justicier, & foncier, peut créer mayeur & justice, qui a cognoissance des abornemens des héritages de parties à autres de sa foncière, & des actions réelles du fond, & de la roye.

XXIII.

PEUT faire saisir & subhaster héritages, à cause de cense non payée, faire embanir les tèrres & preis qui sont situez en la jurisdiction foncière, & imposer peines & amendes de cinq sols, & au dessoub tant seulement, & si a cognoissance des simples reprinses, esquelles n'échet amende que de cinq sols, si doncques il n'y a tiltres valables, ou possessions immémorialles de prendre plus haute amende.

XXIV.

À droict de créer forestier & messiers, pour faire les reprinses contre les mes-usans esdictes tèrres & preis, & bestes trouvées en dégasts.

TILTRE QUATRIÈME.

Des fiefs, droicts d'iceux, & profits féodaux.

ARTICLE XXV.

PREMIÈREMENT, coustume est telle, que tous les fiefs tenus de mondict seigneur le Duc en sondict bailliage du Bassigny, sont fiefs de danger, rendables à luy à grande force, c'est à-dire, que les vassaux sont tenus de luy rendre leurs maisons pour la seureté de sa personne & deffenses de ses pays, à peine de commise.

XXVI.

SERONT aussi rendables à petite force, sur & à peine que l'on procédera par saisie des fiefs, de ceux qui seront des-obéyssans & refusans à justice, & perte des fruicts, jusques à ce qu'ils auront obéy à ladicte justice.

XXVII.

PLUS, nulles personnes capables à tenir fief, en ayant acquesté quelqu'un de nouveau, se pourra bouter ne intruire en la possession d'iceluy, sans en avoir premièrement demandé confirmation au seigneur féodal, à peine de commise: Néantmoins après que tel nouveau acquéreur se sera présenté, & demandé ladicte confirmation à sondict seigneur féodal, le danger de commise cessera. Et n'y a autre danger de fief audict bailliage, que ces deux articles cy-dessus, qui sont de grande force & confirmation.

XXVIII.

XXVIII.

LES comtez tenues en fief de mondict seigneur le Duc, sont individuës, & doivent appartenir au fils aisné, qui en porte le nom & tiltre : & les autres enfans puis-nez, ont partages en autres terres, s'il en y a; & s'il n'y a autres terres que telles comtez, ils auront portion contingente, qu'ils tiendront en fief dudict aisné, en sujection de retour, demeurant le nom & tiltre audict aisné.

XXIX.

LES vassaux dudict bailliage, sont tenus quand ils sont requis, aller & servir mondict seigneur le Duc, ès guerres qu'il pourroit avoir contre les ennemis de son pays à ses despens, restitution des prins de corps, chevaux, harnois, & intérests.

XXX.

QUAND un vassal de mondict seigneur le Duc, vend son fief, il est requis en avoir sa confirmation, & peut mondict seigneur le Duc le reprendre pour les deniers, & le joindre avec son domaine, pour tels deniers qu'il aura esté vendu, avant la confirmation, ou bien confirmer le vendage si bon semble, sans préjudice du droict de retraict lignager.

XXXI.

LE seigneur féodal, peut faire saisir le fief de son vassal par faute de dénombrement non donné après les quarante jours ordonnez au vassal de le bailler en faisant son devoir de reprinse.

XXXII.

Le seigneur féodal, n'est tenu recevoir son vassal en foy & hommage par procureur, s'il ne se présente en personne, si donçques il n'y a cause légitime, ou que le fief appartienne à un enfant mineur d'ans : auquel cas, le tuteur en peut faire faire le devoir [illegible]

XXXIII.

Un vassal ne peut prescrire contre son seigneur féodal, les droicts & devoirs qu'il est tenu luy faire, à cause dudict fief, ni le seigneur contre le vassal.

XXXIV.

Si le vassal donne libéralement son fief par donation entre les vifs, ou par testament, ou qu'il eschange iceluy fief contre un autre, sans solte, les parens dudict vassal ne peuvent venir à la retraicte dudit fief, & pareillement se garde la coustume en terre de poté.

XXXV.

Quand un vassal va de vie à trespas, & il délaisse plusieurs enfans masles & femelles, ou un enfant masle, & plusieurs filles, l'aisné fils a droict de prendre & choisir pour lui avant son partage, laquelle forte place il lui plaira, pour son droict d'ainesse, qu'il emporte avec ses appartenances de murailles & fossez seulement :

A charge du doüaire, s'il y eschet: & au residu des autres héritages de fief, il prend sa part comme l'un des autres fils, & y aura un fils autant que deux filles.

XXXVI.

EN succession collatéralle de terre de fief, le masle exclud la femelle, estant en pareil dégré.

TILTRE CINQUIÈME.

De l'estat, & condition des personnes.

ARTICLE XXXVII.

AU bailliage du Bassigny, y a diverses sortes & conditions des personnes, les uns sont nobles, & les autres non.

XXXVIII.

CEUX sont réputez nobles qui sont issus en mariage de pere & mere nobles, ou de pere noble, & mere non noble d'origine, d'autant qu'audict bailliage, le mary noble annoblit sa femme, tellement qu'elle jouyt des priviléges de noblesse, tant constant le mariage, qu'après le décez de son mary, si elle ne convole en secondes nopces avec un roturier, s'ils n'ont tiltres ou possessions au contraire.

XXXIX.

QUANT aux non nobles, ils sont de deux maniéres, dont aucuns sont franches personnes, qui ne sont de main-morte, formariage, ou d'autre condition servile.

X L.

Les autres sont serfs de main-morte, formariage, taillables à volonté, & de poursuite, quelque parte qu'ils se transportent, & subjets à autres servitudes, selon la nature des terres & seigneuries, à cause desquelles ils sont hommes dont il y ait tiltres, ou haulte possession.

X L I.

La femme mariée, est en la puissance de son mary, combien qu'elle ait pere ou ayeul, de façon qu'elle ne peut ester en jugement, ou contracter, sans l'auctorité ou puissance de sondit marit, si doncque elle n'estoit marchande publicque; auquel cas, elle pourroit contracter & ester en jugement, tant en demandant, qu'en défendant, pour raison des choses concernantes sa marchandie seulement, sans l'auctorité de sondit marit.

X L I I.

Fils de familles, mariez, ou prestres, sont réputez émancipez, & majeurs, tant pour ester en jugement, que contracter, sans l'auctorité de leurs peres & meres, ayeuls, ou autres, sans y comprendre l'aliénation & hypotheque de leurs biens immeubles.

X L I I I.

Le mary, sans procuration de sa femme, peut

ester en jugement, tant en demandant qu'en défendant, pour droicts possessoires, & actions personnelles : Ne pourra toutesfois vendre le bien propre de sa femme sans son exprès consentement.

XLIV.

Si un homme, ou femme, du corps de mondict seigneur le Duc, demeurant en son bailliage du Bassigny, alloit demeurer hors de son duché de Bar, ou en icelny, hors de son domaine, ledit seigneur Duc prendroit & emporteroit tous les héritages qu'il auroit, & pourroit avoir soubs luy : Mesmes si aucuns desdicts hommes, ou femmes, estoient résidens audict bailliage soubs mondict seigneur le Duc, & ils alloient de vie à trespas, ayans héritiers absens, & hors du duché ou domaine dudict seigneur Duc, il représenteroit lesdicts absens : n'est doncque qu'aucunes prévostez, seigneuries, ou villages audict bailliage, ayent tiltres ou possessions vallables au contraire.

TILTRE SIXIÈME.

Des droicts appartenans à gens mariez, & autres communautez, & societez.

ARTICLE XLV.

LE mary, & la femme sont communs en tous biens meubles, debtes personnels faicts, & à faire, & conquests, immeubles, qui se feront constant leur mariage, tellement qu'après le decez de l'un desdicts mariez, le survivant doit avoir la moitié desdicts meubles & conquests immeubles, & les héritiers l'autre, lesquels en sont saisis & en possession, s'il n'est autrement convenu & accordé en contractant ledict mariage, soit qu'il y ait enfans ou non, reservé qu'entre gens nobles, le survivant emporte les meubles s'il n'y a enfans, soit dudict mariage, ou autre.

XLVI.

Si l'un desdicts mariez vend son héritage, & des deniers d'icelle vente achepte autre héritage, ledict héritage ainsi acheptè, sera tenu & réputé conquest; s'il n'est expressément dict & protesté en faisant la premiere vendition, que les deniers seront employez en autre héritage qui sortira pareillement la nature & condition que ledict héritage vendu, ou que l'autre desdicts mariez n'y consente sans fraude.

XLVII.

Restablissement faict par le mary à sa femme, ne vaudra, si la promesse de restablir pour pareille somme seulement n'est faicte par contract de mariage, ou auparavant la vendition des héritages de ladicte femme, ou en passant icelle vendition dans un mois après.

XLVIII.

Si le mary, ou la femme, ou l'un d'eux, avoient vendu leurs propres héritages, ou patrimoines au paravant leur mariage, & durant iceluy dont fut deuë aucune somme de deniers au temps du décez de l'un d'eux, les deniers qui en seront deus au temps du décez reviennent & escheent pour le tout à iceluy d'eux, ou ses hoirs, duquel l'héritage a esté vendu, & sont réputez propres héritages & patrimoine du vendeur, nonobstant la communauté d'entre le mary & la femme.

XLIX.

Si constant le mariage, l'un des conjoincts vend ou hypotheque son propre héritage, & que durant iceluy il le rachepte, tel héritage, n'est réputé conquest, s'il n'estoit autrement convenu par traicté de mariage.

L.

Si l'un des deux conjoincts par mariage, faict bastir, des deniers communs sur son propre héritage, l'édifice demeurera propre à celuy auquel le fonds appartient : Toutesfois sera ledict édifice évalué par gens experts, & à ce cognoissans, pour estre la moictié des impenses renduë à l'autre desdits conjoincts, ou ses hoirs.

LI.

Si le mary, acqueste aucuns héritages, soit en sa ligne ou en celle de sa femme, ou autre part, & icelle femme va de vie à trespas, les héritiers d'elle auront & emporteront la moictié dudict acquest, & l'autre demeurera audict mary, lequel toutesfois pourra constant & durant ledict mariage revendre ledict héritage acquesté, ou autrement en disposer à son bon plaisir, sans le consentement de sa femme.

L I I.

Si deniers de mariage, qui doivent sortir nature d'héritages, ne sont employez avant le trespas de l'un des conjoincts, ils se devront prendre sur les meubles, & au cas qu'ils ne seroient suffisans sur lesdicts conquests. Que si les meubles & conquests ne suffisent, se prendront sur les propres héritages; & au défaut de payement, après les protestations & sommations deuement faictes par devant juges compétans, seront les héritiers tenus aux dommages & interests, à prendre depuis lesdictes sommations & protestations, si autrement n'est accordé par traicté de mariage.

L I I I.

Si l'un des conjoincts par mariage, a aucuns héritages propres chargez de rentes, ou censes qui soient racheptez pendant & constant iceluy, appartiendront lesdictes rentes ou censes à celuy à qui l'héritage est propre, en rendant à l'autre desdicts conjoincts ou ses héritiers, la moitié des deniers de l'acquisition desdictes rentes, ou censes, si mieux les propriétaires dudit héritage n'aiment laisser à l'autre desdicts conjoincts, ou ses héritiers, la moitié desdictes rentes ou censes, & dequoy ils jouyront jusques à la restitution de la moitié desdicts deniers.

L I V.

LA femme, après le trespas de son mary, peut renoncer à la communauté qu'elle avoit avec luy, & néantmoins avoir & retenir son héritage & douaire, & ne sera tenuë d'aucunes debtes procédantes de ladicte communauté: & se doibt faire ladicte renonciation judiciairement pardevant les officiers de la justice des lieux, dedans quarante jours après qu'elle aura sceu le trespas de sondict mary, appellez pour ce faire les héritiers apparens du trespassé, s'ils sont demeurans audict bailliage, sinon & à faute desdicts héritiers, pourra appeller le procureur d'office du lieu où le trespassé estoit domicilié: Pourra ladicte femme, nonobstant ladicte renonciation, prendre & emporter l'unè de ses robbes & habillement qui ne sera ni le meilleur ni le pire, mais le moyen, quand il y en a plusieurs, & s'il n'y a qu'un habillement il appartient à ladicte femme: Et s'il se trouve qu'elle ait soubstraicts aucuns desdicts biens communs d'entre elle, & sondict mary, elle est tenuë de payer la moitié desdictes debtes, nonobstant ladicte renonciation, & néanmoins sera tenuë à restitution, dommages & intérest: Et si dedans quarante jours elle n'a fait ladicte renonciation, elle est tenuë & réputée parsonniere, sans qu'il soit besoin le requérir, ou faire déclaration, ni qu'elle ait déclaré, nonobstant qu'il eut esté convenu de faire la renonciation dans plus longtems que lesdicts quarante jours au contract de mariage, ou autrement, pourveu que la femme ne soit obligée, auquel cas, elle sera tenue des debtes suivant la nature de l'obligation.

L V.

Si l'un des conjoincts par mariage, tient & posséde les biens de ses enfans, ou héritiers du défunct par an & jour aprés le décez dudit mourant sans faire inventaire, partage, division, ou chose équipolente, les enfans peuvent demander communauté de tous biens meubles & conquests faicts constant le second mariage, & depuis le temps qu'il a tenu lesdicts biens sans inventaire, partage, & division, desquels la division sera faicte en ceste forme, sçavoir, que d'iceux seront faictes trois parties, dont le remarié aura l'une, les enfans héritiers du premier lict l'autre, & la seconde femme ou ses hoirs l'autre tierce partie. Et au cas qu'il y ait enfans des deux licts, sera la succession divisée en quatre parties, de maniere que chacune sorte d'enfans emporte un quart, & le pere & la mere chacun un autre quart, supposé que l'un ou l'autre y ait assez ou peu apporté ; excepté ès nobles qui tiennent leurs enfans en garde, demeurans toutesfois à l'election desdits enfans ou héritiers de demander la portion de leurs prédécesseurs, ou la quantité & valeur d'icelle par commune estimation, eu esgard, & selon les facultez dudict trespassé, à l'heure de son décez.

L V I.

Les fruits des héritages propres, pendans par les racines au trespas de l'un des conjoincts par mariage, sont tenus & réputez propre à celui auquel appartient ou advient ledict héritage; à la charge de payer la moitié des impenses; & ou le mary auroit baillé à ferme sans fraude l'héritage de sa femme, & il décéde, sadicte femme pourra estre contrainte à l'entretenement du bail.

LVII.

La femme qui est parsonniere avec son mary, en meubles & conquests, est tenuë aprés le décez de sondict mary, payer les debtes de ladicte communauté pour telle part & portion qu'elle prend ès meubles & conquests de la communauté, & ne sont les frais funéraux réputez debtes, mais sont à la charge, & se payent par lesdicts héritiers du trespassé, & semblablement, le mary est tenu de payer la moitié des debtes de sa femme deuement contractées.

LVIII.

Et se peuvent les créanciers s'adresser contre les héritiers du défunt pour le tout, si icelui défunt est obligé seulement, ou s'adresser contre la femme par moitié, & contre lesdicts héritiers pour l'autre moitié, au choix des créanciers.

LIX.

Et si les créanciers s'adressent pour le tout contre les héritiers du trespassé, lesdicts héritiers auront recours pour le remboursement & intérests de la moitié des debtes, contre le survivant, ou ses héritiers : & quand lesdicts mariez ſont obligez enſemble, les créanciers ſe peuvent adreſſer ſelon la forme de leur obligation.

L X.

QUAND leſdicts créanciers ſe ſont adreſſez contre les héritiers de l'un des mariez obligez, & leſdits héritiers ne ſont trouvez ſolvables, iceux créanciers ſe peuvent adreſſer ſubſidiairement, & avoir leur recours contre le ſurvivant, ou les héritiers, pour leur part & portion.

L X I.

LE mary a le gouvernement & adminiſtration des héritages & poſſeſſions de ſa femme le mariage durant, & eſt ſeigneur des biens meubles, fruicts, revenus, & émolumens appartenans à ſa femme, & de ſes debtes mobiliaires, & les peut demander en jugement & dehors, en ſon nom ſans ſadicte femme.

L X I I.

LE mary peut donner, vendre, & aliéner à ſa volonté, les meubles, & les acqueſts faict par leſdicts mariez, ou l'un d'eux conſtant le mariage, par contract faict entre vifs, mais non par contract, ayant traict à mort.

L X I I I.

A la femme, après le décez du mary, appartient par douaire couſtumier, la moitié des héritages de ſondict mary, deſquels il eſtoit ſeigneur lorſqu'il l'épouſa, enſemble de ceux qui luy ſont eſcheus par ligne directe aſcendante pendant ledict mariage, & duquel douaire jouyra la femme sa vie durante comme douairiere & usufruictiere, pour en prendre les fruicts, & en disposer ainsi que bon lui semblera, lequel sera nul si ladicte femme va de vie à trespas avant sondict mary: à charge toutesfois d'entretenir lesdits héritages de réparations telles qu'une usufructiere est tenuë de droict, & dont elle donnera caution au cas qu'il n'y ait enfans dudict mariage, ou qu'elle convole en secondes nopces.

L X I V.

FEMME qui tient héritages en douaire, est tenuë de payer tant qu'il a lieu, les rentes, censes, & autres charges que doivent lesdits héritages, & non rentes volages, constituées par le mary pendant leur mariage, s'il ne se trouve que pour le regard d'icelles, la femme ne soit obligée, quand à quand avec le mary.

L X V.

DEUX conjoincts par mariage, ne se peuvent advantager l'un l'autre, directement ou indirectement, soit par donation d'entre vifs, disposition testamentaire, ou autrement.

L X V I.

FEMME douée de douaire préfix, ou conventionel, peut, après le décez de son mary, choisir & eslire le douaire préfix ou coustumier supposé qu'en son traicté de mariage ne soit faite une seule mention de douaire coustumier, mais si ladicte femme veut avoir ledict douaire prefix, elle le doit déclarer dans quarante jours après le décez de sondit mary, sauf que si ledit mary avoit plusieurs maisons, l'héritier aura le choix de prendre celle qu'il lui plaira, sinon qu'autrement fut convenu, duquel douaire elle est tellement saisie qu'elle peut agir possessoirement contre les turbateurs d'icelui.

LXVII.

Si après le décez du mary, la femme recelle ou soubstraict les biens de son mary & d'elle, elle ne jouyra du bénéfice & privilege de la renonciation qu'elle aura faite à ladicte communauté.

LXVIII.

Si l'homme, ou la femme conjoincts par mariage, ou autres estans en communauté de biens, ou en son testament & ordonnance de derniere volonté, font aucuns legs, ils seront payés de ses biens, & ne fera diminuée la portion du survivant, s'il n'apert de convention faicte au contraire.

LXIX.

Quand aucunes personnes usantes de leurs droicts, vivent ensemble à commun pot & despense par an & jour, ils sont reputez uns & communs en tous biens meubles & conquests faicts depuis la société contractée, s'il n'appert du contraire.

LXX.

Les enfans de famille demeurans avec leurs

pere & mere, parens, serviteurs & autres personnes nourries & entretenues par amour, affection, pieté, ou service, ne peuvent acquérir droit de communauté avec pere, mere, ou autres personnes qui les nourrissent par quelque laps de temps qu'ils y demeurent, s'il n'y a expresses conventions sur ce faites.

LXXI.

Si l'un des deux, ayant aucune chose commune, s'en sert, il n'est tenu d'en faire proffit ne émolument à l'autre, s'il n'est interpellé d'en faire partage & proffit.

TILTRE SEPTIÈME.

Des tutelles, & curatelles.

ARTICLE LXXII.

Le pere, est administrateur légitime des biens de ses enfans, & de la personne d'iceux, & fera les fruits siens, s'il est noble, jusques à ce qu'iceux en personnes soient aagez suffisamment, ou qu'ils seront mariez, & sera tenu en ce faisant payer les debtes personnels, les nourrir, alimenter, & entretenir, & à la fin de ladicte administration rendre lesdicts héritages en bon estat: & est tenu le pere, de faire inventaire desdicts biens, & les rendre à fesdicts enfan l'usufruit fini. Pourra néantmoins renoncer à ladicte tutelle, si bon lui semble.

LXXIII.

Le semblable sera observé à la femme noble.

LXXIV.

Le pere roturier, sera aussi tuteur, si bon lui semble, de ses enfans, & en ce cas, fera inventaire incessamment de leurs biens, & en rendra compte en temps & lieu, & toutesfois ne fera les fruicts siens desdicts biens.

LXXV.

Le semblable, s'observe en la femme roturiere, estante en viduité, & jusques à ce qu'elle convolle en secondes nopces, auquel cas sera pourveu d'autre tuteur, si mestier faict.

LXXVI.

Tutelles testamentaires sont vallables, & préférées à toutes autres, & à faute d'icelles, la légitime aura lieu, & successivement après la dative, laquelle dative doit estre confirmée par le juge: Comme au semblable la légitime & testamentaire.

LXXVII.

Tuteurs, sont tenus faire inventaire incontinent, & avant que de s'entremettre à l'administration des biens des mineurs, sur les peines de droict, & se doit faire l'inventaire aux moindres frais que faire se pourra, & estre rapporté faict & parfaict dans quarante jours.

LXXVIII.

TUTEURS, sont contraincts de vendre les biens perissables des mineurs, par auctorité de justice, & rendront compte des deniers en provenans.

LXXIX.

LES tuteurs, & curateurs, demeureront en leurs charges, ou l'un d'iceux en l'absence de l'autre, ou, advenant la mort d'icelui, jusques à ce que ceux qu'ils ont en charge seront aagez suffisamment, ou mariez, ou bien dispensez pour avoir le gouvernement de leurs biens, sauf toutesfois à subroger tuteur, & curateur, au lieu de celuy qui sera prevenu, si mestier faict.

TILTRE HUITIÈME.

Des choses réputées meubles.

ARTICLE LXXX.

NOMS, debtes, & actions pour raison des choses mobiliaires, arrérages de censes, & rentes, sont réputez meubles, si doncques lesdictes censes, & rentes ne sont à perpétuité.

LXXXI.

ARTILLERIE, & autres armes desquelles l'usage ne peut servir que pour la tuition d'une maison, chastel, ou forteresse, ne sont réputées meubles, mais demeurent à celuy auquel ladicte place, maison, & chastel appartient.

LXXXII.

TOUT ce qui se trouve ès maisons, tenans à cloux, & à chevilles, ne sont réputez meubles.

LXXXIII.

MEUBLES n'ont point de suite par hypotheque, s'ils ne sont mis dehors de la puissance du debteur par fraude.

LXXXIV.

LES fruicts pendans par les racines, sont réputez immeubles, jusqu'à ce qu'ils soient coupez, ou séparez du fonds.

TILTRE NEUVIÈME.

Des convenances, ventes, achapts, louages, & autres contracts.

ARTICLE LXXXV.

TOUS contracts, seront receus par deux notaires avant que d'estre mis en forme authenticque, & ne suffira de les passer soubs un notaire avec deux tesmoins.

LXXXVI.

TOUTES obligations passées soubz le seel de mondit seigneur le Duc, sont authenticques audict bailliage dudict Baffigny, & ont exécution paree, de forte que elles peuvent eftre exécutées, nonobftant oppofitions, ou appellations quelconque, & fans préjudice d'icelles: Mefmes les cédules recognues, auront hypotecque du jour de la recognoiffance, & garnifon de main: Comme pareillement les contracts feellez des feaux des tabellionnages particuliers des hauts jufticiers, feront exécutoires ès terres & feigneuries qui auront privilege de tabellionnage, & ailleurs, pourveu qu'ils foient recognus, & déclarez exécutoires.

LXXXVII.

OBLIGATIONS paffées fous le feel ecclésiaftique, n'emporteront exécution, nantiffement, ou hypotheque, n'eftoit qu'elles fuffent recognues & déclarées exécutorialles par devant les juges temporels.

LXXXVIII.

TOUS contrahans, déclareront les rentes, charges & hypotheques fpéciales, & fervitudes eftantes fur les héritages, & chofes immeubles par eux vendues & efchangées, ou allienées à tiltres onéreux, à peine d'amende arbitraire, & que s'ils les vendent franchement, & elles font trouvées chargées par leur faict, ou d'autres, & que des charges ils foient deuement advertis, ils feront punis comme faux vendeurs.

LXXXIX.

SERONT auffi puniffables comme faux vendeurs, ceux qui vendent, ou autrement allienent chose, à autre par eux auparavant vendue, ou allienée.

X C.

Recision de contract d'outre moictié de juste pris pour chose mobiliaire, n'aura lieu.

X C I.

Un vendeur de chevaux, n'est tenu de vices, excepté de morve, espousse, corbe, corbature, sinon qu'il les ait vendus sains & nets, auquel cas, il est tenu de tous vices, lattans & apparans huit jours après la tradition.

X C I I.

Il est permis au locateur, soit de maisons, ou héritages, par luy baillez à tiltre de louage, faire procéder par voye d'exécution, pour les loyers à luy deus par les conducteurs, comme ayant taisible hypotheque sur les meubles & fruicts estans esdictes maisons, ou héritages, pourveu que ledict locateur ait contract, ou obligation par escrit.

X C I I I.

Le seigneur, & le propriétaire d'une maison, est le premier, & prieur en hypotheque contre tous autres, jaçoit qu'il soit postérieur en date, comme pareillement le seigneur de l'héritage pour raison des fruicts.

X C I V.

Le locataire ne peut laisser à tiltre de laix, la

maison à luy louée, à autres, la condition desquels puisse apporter ruyne, ou dommage à ladicte maison.

XCV.

Si celuy qui a prins à tiltre de laix une maison pour quelque année, ne déclare avant la derniére expirée, qu'il se déporte, ains la tient sans nouveau marché, payera le prix pour une année seulement, pour laquelle ledict louage sera censé estre continué.

XCVI.

Délivrance de marchandise, argue payemens, si les deniers ne sont demandez dedans un an, si doncques il n'y a cédule, ou promesse de payer au contraire, ou que l'on ne face paroistre de la créance.

XCVII.

Achepteur n'est tenu à l'entretenement du louage de ses prédécesseurs, s'il n'y a spéciale hypotheque, & où il n'y aura spéciale hypothéque, ne pourra ledict achepteur mettre hors le locataire, qu'un mois après le jour de l'advertissement.

XCVIII.

Respit ne se peut demander pour chose déposée, debtes actives d'enfans mineurs, louages de maisons, bail d'héritages à moison ou ferme, censes, rentes foncieres, marchandise prinse en plain marché, debtes procédentes de delicts, ou de chose adjugée par sentence donnée en jugement contradictoire, ou du consentement des parties.

XCIX.

POUR porter garandie, chacun doit laisser son juge, & aller porter garandie devant le juge, par devant lequel il est plaid de la chose, & qui le refuse, est tenu de tous despens, dommages, & intérests.

C.

PEINES de corps de manouvriers, & gens de bras, ne peuvent estre demandées après trois mois passez, s'ils ne prennent créange, ou promesse au contraire.

CI.

LE vendeur de vin, n'est tenu le garder outre quinze jours, s'il ne luy plaist, & si l'achepteur ne le leve dans ledict temps, il perd ses arres, si aucuns en a baillé, & peut ledict vendeur revendre ledict vin à autre; mais s'il ne l'a revendu, il sera tenu le délivrer au premier achepteur, s'il le requiert, en payant.

TILTRE DIXIÈME.

Des censes, rentes, lots & ventes.

ARTICLE CII.

RENTES, ou censes, ne sont exécutoires contre un tiers détenteur, s'il n'a esté condamné, ou qu'il n'ait consenty déclaration d'hypotheque.

C I I I.

En eschange de chose, censive subjecte à lots, & ventes, faict but à but, n'en sont deuz aucuns lots, s'il n'y a solte, & lors, pour rate & raison de ladicte solte, & suivant icelle, sont deuz lots, & ventes.

C I V.

Si un héritage est donné par aumosne, & affection de douaire, il n'y a lots, & ventes.

C V.

Qui transporte, ou baille son héritage à rente, & à réachapt, le seigneur censier, avant le temps du rachapt, prendra, si bon luy semble, les lots, & ventes de la somme promise, & accordée par ledict rachapt; mais du réachapt d'icelle rente, il n'y aura lots, & ventes.

C V I.

Si le vendeur, & achepteur d'un héritage chargé de censive, après que la vendition est consentie, se déporte de son consentement de marché avant que de partir du lieu, il n'y aura lots, ventes, ny amendes, pourveu que les lettres de la vente n'ayent esté passées.

TILTRE ONZIÈME.

De retraict lignager.

ARTICLE CVII.

SI aucune personne, vend ses propres héritages, & à lui escheus, & descendus par droict de succession, à autres personnes estranges, & d'autre lignage, ou branchage que celuy du costé, & ligne duquel sont advenus iceux, le lignager dudit vendeur, & qui lui appartient du costé d'où proviennent lesdicts héritages, pourra dans l'an & jour de la prinse de possession, faire adjourner l'achepteur, & retirer de luy lesdicts héritages, en rendant les deniers du sort principal, frais & loyaux cousts, & s'entendra la prinse de possession du jour que ledit achepteur en aura prins acte pardevant deux notaires, ou autrement solemnellement, s'il est de roture, & s'il est tenu en fief, commencera ledict an & jour, du jour que ledict achepteur aura esté receu en foy, & hommage, ou du jour de la souffrance.

CVIII.

ET suffira que le retrayant soit parent dudict vendeur, & du costé d'où provient ledict héritage, sans que le plus remot puisse estre exclud par le plus prochain, n'estoit qu'il fut concurrent.

CIX.

EN eschange d'héritage, n'y gist aucun retraict, s'il est fait but à but, mais l'héritage eschangé sortit la nature dudict héritage baillé en contre-change; & s'il y a solte, le retraict aura lieu pour l'égard & portion desdictes soltes.

C X.

EN vente d'héritage faicte à faculté de rachapt, y a retraict après l'an & jour de ladicte faculté expirée, comme pareillement en vendition de rentes, censes, & en héritages de ligne délaissez à rente annuelle, ou perpétuelle, en payant par le retrayant, les charges qui y sont, ce qu'aussi on pourra faire pendant ledit temps.

C X I.

ON ne peut empirer l'héritage subject à retraict, durant ledict an & jour, comme par pesches d'estangs, couppes de bois & autrement: Que si l'achepteur le fait, & l'héritage se retraict, il est tenu à la restitution des dommages & intérests procédans de son faict, lesquels seront rabatus sur le pur sort, liquidation d'iceux préalablement faicte.

C X I I.

IL faut, & suffit à la première journée, audition & expédition de la cause, faire offre d'or & d'argent à descouvert, & à parfaire le remboursement du pur sort, frais, & loyaux cousts.

C X I I I.

EN matiére de retraict, l'on est tenu à rendre le pris en mesmes espéces que l'achepteur l'aura desbourſé, & aura ledict retraict lieu en eſchange d'héritages de ligne, contre biens meubles, en payant par le retrayant la juſte eſtimation deſdicts meubles.

CXIII.

ENTRE loyaux couſts, ſont comprins les frais de lettres, & contracts de vendition, acte de prinſe de poſſeſſion, & réception de foy, & hommage, avec les impenſes néceſſaires, lots, & ventes, ſi aucuns en eſtoient deus, & avoient eſtez deus par l'achepteur.

CXV.

SI aucun, ſe diſant lignager, fait adjourner l'acqueſteur, & que dedans l'an & jour ledict acqueſteur conſente le retraict, & a revendu l'héritage par luy acquis à perſonne eſtrange, le vrai lignager qui viendra après dans l'an & jour ſera receu, & l'adjourné tenu de lui rendre l'héritage, du moins appeller celuy auquel il aura cédé ledit héritage pour ſouffrir le retraict: & ſuppoſé que depuis ladite premiere vente, l'héritage eût eſté vendu plus grande ſomme, ſi ne ſera tenu le retrayant de payer ſinon la premiere ſomme, & loyaux couſts, à cauſe des abus qui ſe peuvent commettre, ſauf au dernier acqueſteur ſon recours contre ſon vendeur, & pourra le retrayant s'adreſſer contre le détenteur, ou acqueſteur.

CXVI.

AUCUN n'eſt recevable à vouloir retraire parle des choses vendues, & à délaisser l'autre, & sera le retrayant contraint de retirer la totalité de l'acquest, si bon semble à l'acquesteur, ou seulement ce qui se trouvera du costé, duquel le retrayant est parent des choses vendues; le tout à l'option dudit acquesteur, de laquelle action de retraict, sont compétans autant le juge de domicil, que celui des lieux où sont les héritages assis, si les personnes n'ont privilèges au contraire.

CXVII.

QUI n'est habile à succéder, il ne vient à retraict, & s'il n'est parent dedans le septiesme dégré.

CXVIII.

SI aucun achepte héritages propres, d'autruy, à payer à certains termes, le retrayeur aura lesdits termes, mais il doit donner bonne seureté à l'achepteur de payer, & l'acquitter ausdits termes, car le vendeur ne changera son debteur, s'il ne lui plait; & si le retrayeur ainsi ne le fait, il ne sera receu au retraict, s'il ne baille argent content, ou gages à l'achepteur, ou vendeur.

CXIX.

LIGNAGERS en pareil dégré, s'ils sont concurrens en leur action, auront, si bon semble, l'héritage subject à retraict ensemblement, & exclura celui qui aura prévenu en diligence, l'autre moins diligent.

C X X.

En vente de couppe de bois de haute fuſtaye, & autres taillis, n'y a retraict, n'eſtoit que telle couppe appartienne quelquesfois à aucun, & le fonds à un autre: Auquel cas, le maiſtre & ſeigneur dudit fonds, peut retirer ladicte couppe vendue, encores qu'il ne ſoit lignager du vendeur, en rembourſant ledict pris, frais & loyaux couſts.

C X X I.

Le retraict accordé, doit le retrayant, dedans trois jours après, payer entiérement le ſort & pris de l'acquiſition, & donner caution pour les frais & loyaux couſts, ſi iceux ſont liquidez; & au cas qu'ils ſeroient liquidez, les doit payer content, à peine d'eſtre décheu du droict de retraict.

C X X I I.

L'héritage propre, donné en payement, ou récompenſe d'aucune choſe, eſt ſubjet à retraict, la juſte eſtimation des choſes données préallablement faicte.

C X X I I I.

L'assignation qui ſera donnée après l'an & jour, n'excédera ledit an de plus de quinze jours, & faudra que l'adjournement en cas de retraict, ſoit fait à perſonne, ou au domicil de l'acqueſteur, s'il eſt demeurant audit bailliage, & s'il n'y a domicil, ſuffira que ledit adjournement soit fait publiquement, & par affiche au lieu où l'héritage est assis ès lieux accoustumez à faire cris & publications.

CXXIV.

SEMBLABLEMENT, les vendeur & acquesteur sont tenus se purger par serment, du pris convenu, & ledit acquesteur de monstrer lettres d'acquisition, pour sçavoir s'il y a termes portez par icelles, desquels en ce le retrayeur jouyra en donnant bonne & suffisante caution à l'achepteur pour payer & l'acquiter ausdits termes, & si l'achepteur afferme de plus grande somme que n'est celle par lui desbourcée, estant le parjure avéré, ledit achepteur perdra ses deniers, qui seront applicquez aux seigneurs des lieux, où les héritages sont assis, & iceux héritages adjugez au retrayeur, sans payer aucuns frais, & loyaux cousts, avec despens.

CXXV.

L'AN & jour de retraict court contre majeurs, ou mineurs présens, ou absens, soient qu'ils ayent été advertis de l'alliénation desdits héritages, ou qu'ils l'ayent ignorez.

CXXVI.

ACTION de retraict, ne peut estre cédée, ou transportée, au proffit d'autruy non lignager.

TILTRE DOUZIÈME.

Des bois, pasquis, & pasturages.

ARTICLE CXXVII.

EN bois de couppe, & de vendue, l'on ne doit pasturer, quelques usages que l'on y ait, jusques après l'huictiéme feuille, sur peine de trois frans barrois, & restitution des dommages & intérests.

CXXVIII.

LE temps de grainer, est dès le jour saint Michel inclus, jusques au premier de mars exclud: Après lequel teins escheu, les porcs trouvez esdicts bois, & appartenances à autres qu'aux usagiers, sont acquis, & confisquez, s'ils sont trouvez & prins, sans le consentement du seigneur desdicts bois, s'il n'y a chartres, ou tiltres au contraire.

CXXIX.

LES habitans des villes, & villages, ont droict de vain-pasturer, les uns sur les autres, de clochers à autres, s'il n'y a tiltres, ou possessions à ce contraires, laquelle vaine-pasture aura lieu depuis la dépouille, jusques à saison plaine: & au regard des prez, jusques au premier jour de mars.

CXXX.

EN quelque temps que ce soit, on ne peut

mener, ou mettre porcs ès prez, vignes, jardins, chenevieres, à peine de trois frans barrois, & de restituer les intérests aux particuliers desdicts héritages.

CXXXI.

UN messier & commis à la garde des finages, est creu sans recors jusques à un frans barrois.

CXXXII.

LES porteurs de paulx, & commis pour le regard des dixmes, après qu'ils auront prestez, & faict le serment solemnel, seront, avec un tesmoing, creus en tesmoignage, contre les debteurs d'iceux; moyennant qu'ils ne soient fermiers desdicts dixmes, ou associez.

CXXXIII.

EST dict, garde faicte, quand celui qui est commis à la garde du bestail, est trouvé gardant iceluy en l'héritage auquel le dommage est faict, ou que le gardien est près dudit bestail, de sorte qu'il le peut voir, & ne fait diligence de les mettre hors, ou qu'il le meine & conduit audict héritage qu'il a déclos & débouché, de maniére que ledit bestail y puisse entrer, après laquelle ouverture, & au moyen d'icelle y est ledit bestail entré.

CXXXIV.

SI aucun héritage, n'est suffisamment clos & bouché pour empescher l'entrée du bestail des circonvoisins, lesdits circonvoisins peuvent dénoncer au seigneur, de le clorre dans quatre jours, & à faute de ce faire, ils peuvent de leur auctorité clorre ledit héritage, aux despens desdits circonvoisins, pourveu que lesdits héritages doivent closture.

CXXXV.

En la saison que les bleds & autres grains sont plantez & non cueillis, il est prohibé y mener les bestes pasturer, ès chemins, & voyes publicques, prochaines desdits fruicts, & bleds, avant le poinct du jour, & les y tenir après le soleil couché, le tout sur peine d'amende arbitraire.

TILTRE TREIZIÈME.

Des successions, & testamens.

ARTICLE CXXXVI.

Le mort saisit le vif, son plus prochain héritier habile à luy succéder *ab intestat*, sans appréhension de faict.

CXXXVII.

Homme, ou femme, soit noble, ou roturier, qui entre en aucune religion, après qu'il a fait profession, des-lors il est exclud de toutes successions escheues, & à escheoires, & viendront à ses propres parens (ainsi comme s'ils étoient décédez) & ne sont aucunement dédiez ses biens à
ladicte

ladicte religion, sinon qu'il y eut dédication expresse.

CXXXVIII.

HOMME d'église, séculier, peut disposer de tous ses biens, ainsi que l'homme laic, jaçoit que lesdicts biens luy soient venus de ses bénéfices, ou d'ailleurs.

CXXXIX.

SUCCESSION de pere, ou mere, ayeul, ou ayeulle, sera divisée par teste, & non par licts, s'ils sont en pareil dégré, sinon les enfans des enfans représenteront par lignées, avec leurs oncles ou tantes, en la succession des ayeuls, ou ayeulles, leur pere, ou mere.

CXL.

RENONCIATION faicte par filles en contract de mariage, s'entend estre faicte au proffit des freres, & sœurs ensemblement.

CXLI.

TOUTES donations faictes par pere, mere, ou autres ascendans, ou descendans en précipuité & contract de mariage, & faveur d'icelui, seront subjectes à collation & rapport, si doncques n'est qu'elles soient données en faveur des deux conjoints : Auquel cas, la moictié sera subjecte à rapport seulement, & sauf au donateur, s'il est vivant, de récompenser ses autres héritiers, d'autant qu'il auroit donné à l'un desdicts conjoincts, pourveu que la légitime soit gardée ausdicts enfans.

CXLII.

Collation & raport, se doivent faire en ligne directe, & non collatéralle.

CXLIII.

Quand aucun va de vie à trespas, sans hoirs procréez de son corps, sans pere & mere, ayeuls, ou ayeulles, les plus prochains du costé & estoc paternel, succédent pour la moictié des meubles & conquests, & les plus prochains du costé maternel, ont l'autre moictié. Et aux autres héritages, succédent les plus prochains lignagers des estocs d'où ils sont venus.

CXLIV.

Les vefves, des bastards étrangers, & n'estans dudict bailliage, jouyront du douaire à elles assigné, ensemble des droicts de communautez.

CXLV.

Les représentations, auront lieu, tant en lignes directes, que collatéralles, & en ensuivant tousiours la régle *paterna paternis*, *materna maternis*, en ligne directe descendant *in infinitum*, & en ligne collatéralle, jusques aux enfans des freres, tant pour le regard des gens d'église séculiers, que laiz inclusivement.

CXLVI.

Quand, aucun habile à succéder *ab intestat*, paye créanciers, légats, ou faict autres acts d'héritiers, il est tenu & réputé héritier, & ne peut après, répudier ladicte ſucceſſion, quelque proteſtation qu'il puiſſe faire au contraire, s'il n'eſt mineur.

CXLVII.

LIGNAGER qui ſe porte héritier ſimple, eſt à préférer à ceux qui ſe portent héritiers par bénéfice d'inventaire, combien qu'il ne ſoit ſi prochain du défunct, que celui qui requiert eſtre admis par ledict bénéfice d'inventaire, & ce tant en ligne directe que collatéralle, pourveu qu'il ſoit ſolvable & donne caution.

CXLVIII.

LE teſtateur, pourra exhéréder ſon héritier, ou héritiers, pour les cauſes exprimées de droict, & non autrement.

CXLIX.

EN diviſion de meubles, entre le ſurvivant de deux conjoincts par mariage, & les héritiers du décédé, le ſurvivant aura par adventage ſes veſtemens de tous les jours; & ſi le ſurvivant veut avoir le ſurplus de ſes veſtemens, il les pourra retenir, en payant la moictié deſdits veſtemens, telle qu'elle ſera eſtimée par les appréciateurs.

CL.

SUCCESSION roturiere, qui advient à gens nobles, ſe départe roturiérement, enſemble les choſes roturieres de nouveau acquiſes, & quant aux choſes nobles, elles ſe partiront noblement.

C L I.

ENTRE le fils émancipé, & non émancipé, n'y a aucune différence en matieres de succession.

C L I I.

ENFANS mariez, des deniers d'oncles, tantes, & autres leurs parens en ligne collatéralle, ne seront tenus de rapporter aux successions de peres, ou meres, ni desdicts oncles, tantes, & autres leurs parens, ce qu'ils ont eu en mariage en tout, ny en partie, s'il n'est expressément dict au traicté de mariage.

C L I I I.

NE sont subjects aussi à rapport, les bancquets faicts aux fianceailles, & mariages, par peres, ou meres, à aucuns de leurs enfans, ni au semblable les habits ordinaires d'iceux, ains seulement ceux qui auront esté faicts pour ledict mariage, avec les bagues & joyaux pour icelui.

C L I V.

CELUY ou celle, à qui est faict don par mariage, ou autrement, à charge de rapport, peut, si bon lui semble, se tenir à ce que lui est donné, sans venir à la succession à laquelle autrement il devroit rapporter, pourveu toutesfois que la portion deue soit gardée à un chacun desdicts héritiers.

C L V.

LE testament est réputé vallable faict en préſence de deux notaires, ou en leur abſence par le curé, ou vicaire, en préſence de trois teſmoins non légataires, ou qu'il ſoit eſcrit, & ſigné de la main du teſtateur ſans teſmoins, & en tout cas qu'il ſoit ſigné du teſtateur, & des teſmoins, s'ils ſçavent ſigner, ſinon faire mention qu'ils déclarent ne pouvoir ſigner, & qu'il ſoit leu, & releu au teſtateur, & la minutte du teſtament demeurera au teſtateur, ſans que les notaires, curez, ou vicaires en puiſſent retenir aucun enſeignement.

CLVI.

AUCUN, ne peut eſtre héritier, & légataire enſemble: Toutesfois il eſt permis à celui qui peut eſtre héritier, accepter ou prendre, comme perſonne eſtrange, les legs à lui faicts, en délaiſſant l'hérédité dudict défunct, & renonceant à icelle dans quarante jours, pourveu que les héritiers ne ſoient grevez indeuement, & que la légitime leur ſoit gardée.

CLVII.

LE légataire, de ſon auctorité ne peut prendre les choſes à lui léguées, ni s'en dire ſaiſi, mais faut qu'elles lui ſoient baillées & délivrées par les exécuteurs du teſtament, ou héritiers du décédé, ſi n'eſtoit que le donataire fut ſaiſi de la choſe donnée avant le décez du teſtateur: Toutesfois la délivrance actuelle des legs immeubles, ne peut eſtre faicte par les exécuteurs du teſtament, ſans appeller l'héritier.

CLVIII.

EXÉCUTEURS de testament, après le décez du testateur, demeurent saisis des meubles & conquests immeubles d'icelui défunct durant l'an & jour de l'exécution: Et en faute d'iceux, demeurent aussi saisis des biens anciens du testateur, jusques à la concurrence de leur exécution: Toutesfois ils doivent prendre lesdits biens par justice, & par inventaire, l'héritier présent, ou deuement appellé, si doncques n'est que l'héritier offre réellement & de faict deniers suffisamment pour ladicte exécution testamentaire.

CLIX.

ET après l'an du décez du testateur passé, seront les exécuteurs contrainchts de rendre compte par devant leurs juges laics & ordinaires.

CLX.

PEUVENT lesdits exécuteurs recevoir les debtes dudict défunct, sans le sçeu & consentement de l'héritier dont les obligations & cédules leur auront esté baillées par inventaire, & non autrement.

CLXI.

SONT tenus de payer les debtes du testateur clercs & cognus durant l'an & jour de l'exécution, l'héritier sommé refusant de prendre la cause pour eux, ou leur administrer deffence & preuve pour empescher ledict payement.

CLXII.

N'Y a aucun différent, entre teſtament & codicil.

CLXIII.

SUBSTITUTION d'héritier, faicte en teſtament, ou autre diſpoſition, ne vaut aucunement, ſoit par forme de légat, ou autrement.

CLXIV.

PERE, mere, ou à leur défaut, ayeul, ou ayeulle, ſuccédent à leurs enfans décédez ſans hoirs légitimes procréez de leurs corps, en tous meubles & acqueſts, en payant les debtes.

TILTRE QUATORZIÈME.

Des donations.

ARTICLE CLXV.

DONNER, & retenir ne vaut, & faut que celui qui donne ſe deſſaiſiſſe de la choſe donnée, & ce actuellement, ou par clauſe tranſlative de poſſeſſion, comme conſtitue, rétention d'uſufruict précaire, ou autre, ſoit que la donation ſoit faicte en faveur de mariage, ou autrement.

CLXVI.

UN homme, & femme conjoincts enſembles par mariage, eſtans en bonne ſanté, peuvent par donation mutuelle pareille & égalle faicte entre vifs, donner l'un à l'autre, & au ſurvivant d'eux, ſans le conſentement de leurs parens, tous leurs biens meubles, & conqueſts immeubles du premier mourant, pour jouyr par le ſurvivant en uſufruict ſeulement au cas qu'il n'y ait enfans, ſoit dudict mariage, ou autre : Et ſera le ſurvivant ſaiſi des choſes à lui données pour intenter actions poſſeſſoires, contre ceux qui voudroient troubler, ſoit contre les hoirs du décédé, ou autres : Ce néantmoins eſt tenu faire inventaire, & donner caution de rendre les choſes en bon état l'uſufruict fini : Et où le ſurvivant ſera en demeure de faire inventaire, & donner caution, les hoirs du prédécédé pourront requérir par devant le juge, la ſurcéance de l'uſufruict, & le ſequeſter des choſes données, deſquelles leur ſeront faictes & adjugées.

CLXVII.

DONNATION faicte par pere, ou mere, à un, ou pluſieurs de leurs enfans, ſoit de la totalité, ou plus grande partie de ſes biens, eſt réputée inofficieuſe, ſans qu'elle ait lieu, au préjudice des autres enfans, encores qu'elle ait eſté faicte à charge de nourrir leſdicts pere & mere, pourveu que leſdicts enfans au préjudice deſquels eſt faicte ladicte donation, nayent eſté refuſans de contribuer à la nourriture de leurs parens.

CLXVIII.

DONATION mutuelle, ne pourra eſtre revocquée par l'une des parties, ſans le conſentement de l'autre, & seront toutes donations faictes entre-visfs, subjectes à insinuation.

CLXIX.

FEMME mariée, ne peut faire donation, sans le consentement de son mary.

CLXX.

DONATION d'héritages, faicte par peres, ou meres, à leurs enfans en accroissement & faveur de mariage, sortit nature de propre; & néantmoins, si celui ou celle, à qui ladicte donation a esté faicte va de vie à trespas sans hoirs procréez de son corps, ledict héritage retourne ausdicts peres, & meres qui l'auront donné: Toutesfois si ladicte donation estoit faicte par exprès aux deux conjoincts, il n'en demeureroit qu'une moictié propre.

TILTRE QUINZIÈME.

Des prescriptions.

ARTICLE CLXXI.

TOUTES choses subjettes à prescrire, se prescrivent par le possesseur, par l'espace de dix ans, avec tiltres & bonne foy entre présens, & entre absens aagez & non privilégez, par l'espace de vingt ans, & sans tiltres par l'espace de trente ans, & contre l'église par quarante ans.

CLXXII.

ARRÉRAGES de rentes constituées à pris

d'argent, se prescrivent par cinq ans, & les arrérages des censes par dix ans, s'il n'y a compte, sentence, promesse, ou interpellation judiciaire au contraire.

CLXXIII.

FACULTÉ de rachepter toutesfois & quantes, est prescriptible par le temps & espace de trente ans.

CLXXIV.

PRESCRIPTION, ne court durant le mariage, contre la femme de ses biens dotaux ou parafernaux, si l'aliénation faicte par son mary, n'a esté de son consentement.

CLXXV.

S'IL y a interruption d'an & jour, entre parties qui plaident sur matieres de retraict, le défendeur qui a comparu & obéy, prescrira le droict de retraict contre sa partie adverse, & tous autres, sans espérance de relief de ladicte interruption.

TILTRE SEIZIÉME.

Des servitudes.

ARTICLE CLXXVI.

EN mur commun, on ne peut faire veue, sans le consentement du comparsonnier.

CLXXVII.

SI en terre commune, l'un des communs édi-

[ma]ſſe mur, & l'autre commun s'en veuille aider pour édifier, ou autre choſe faire, il le pourra faire en payant la moitié pour rate de ce que joinct ſon héritage, & pourra empeſcher celuy qui l'aura édifié, juſques à ce qu'il ſoit payé de ladicte moictié.

CLXXVIII.

EN mur commun, chacune des parties peut percer outre le mur pour aſſeoire poultres & ſomiers, & autres bois, en refermant les pertuis, ſauf à l'endroict des cheminées, où l'on ne peut mettre aucun bois.

CLXXIX.

SI le mur eſt mitoyen entre voiſins, celuy qui n'y a aucun droict n'y peut mettre ni aſſeoir aucune choſe.

CLXXX.

ON ne peut prétendre droict de veue ou degout, ſur l'héritage d'autruy par quelque temps qu'il l'ait tenu, & n'emporte aucun droict de ſaiſine; & ne ſe peut acquérir tel droict, ſans tiltres exprès.

CLXXXI.

IL eſt loiſible eslever ſon édifice ſur ſa place, à plomb & à ligne ſi haut que l'on veut, & contraindre ſon voiſin de retirer chevrons, & toutes autres choſes eſtans ſur la place, encores qu'ils y ayent eſté mis dès cent ans & plus, moyennant que ce ſoit pour ſon advantage, & ſans préjudice d'autrui.

CLXXXII.

COURBEAUX mis d'ancienneté, ou fenestres à demi mur, font demonstrance que le mur est moictoyen entre deux voisins, si par tiltres il n'appert du contraire.

CLXXXIII.

QUI fait édifier, doit faire ses veues qui regardent sur l'héritage d'autrui, de huict pieds de hauteur par bas estage, & de sept pieds par haut estage, & mettre ès fenestres verres dormans, avec barres & barreaux de fer, en maniere que l'on ne puisse passer, ni endommager son voisin.

CLXXXIV.

ON ne peut faire retraicts & aisances contre mur commun, sans y faire contremur de pierres, de chaulx & sable d'un pied d'épesseur, pour éviter que l'ordure ne pourrisse ledict mur, s'il n'y a tiltres au contraire.

CLXXXV.

SI une maison est divisée entre plusieurs y ayans droit, en telle maniére qu'un ait le bas, & l'autre le dessus: celui qui a le bas est tenu d'entretenir & soustenir les édifices qui sont au dessoub du premier plancher.

CLXXXVI.

ET celui qui a le dessus, est tenu d'entretenir & soustenir la couverture, & autres édifices, ensemble le pavé, ou plancher de sa demeure, s'il n'y a convention au contraire.

CLXXXVII.

ON ne peut avoir ni tenir esgousts, au moyen desquels les immondices puissent cheoir, ou prendre conduits aux puits, citernes, caves, ou autres lieux au paravant édifiez.

CLXXXVIII.

EN closture moitoyenne, chacun sera tenu y contribuer pour sa part.

CLXXXIX

TOUTES murailles & cloisons estantes dedans les villes fermées, par ladicte coustume, seront communes aux voisins d'icelles; en payant toutesfois par ceux qui ne les auront faictes ni basties ni aidé à faire ou bastir, à celui qui les aura fait faire, ou à ses ayans causes, la moictié de la façon & frais de ladicte muraille ou cloison, & la moictié du fonds d'icelles quand ils s'en voudront aider, pourveu que lesdictes murailles & cloisons soient suffisantes pour porter & soustenir ledict bastiment.

CXC.

A rapports de jurez, deuement faicts, & par auctorité de justice, parties présentes, ou appellées, de ce qui gist en leur art & industrie, foy doit estre adjoustée.

CXCI.

QUAND aucun faict édifice, & répare son héritage, son voisin lui est tenu donner & prester patience à ce faire, en réparant & amendant deuement ce qu'il aura rompu, démoly, & gasté à sondict voisin.

CXCII.

IL est loisible à un voisin, contraindre, ou faire contraindre par justice, son comparsonnier à refaire mur ou édifice commun, & de lui en faire payer telle part & portion qu'il a audict mur & édifice.

CXCIII.

QUAND il y a arbres fruictiers au confinage de l'héritage de deux voisins, encores que ledict arbre soit enclos au fonds de l'un, si est-ce que la moictié des fruicts qui tombent sur l'héritage de sondict voisin, se partagent en deux parts, dont l'une demeure à celui sur le fonds duquel les fruicts tombent, & l'autre moictié à celui sur le fonds duquel est assis ledict arbre, & d'où proviennent les fruicts, & si ledict arbre est entre les deux héritages, autant d'une part que d'autre se partagent les fruicts.

TILTRE DIX-SEPTIÈME.

Des bastards.

ARTICLE CXCIV.

LE bastard, soit qu'il soit issu de gens d'église ou laic, peut acquérir tous biens meubles & immeubles, & d'iceux disposer par contracts d'entre-vifs, & disposition testamentaire.

CXCV.

NE succédent toutesfois *ab intestat*, ou par testament à leurs parens lignagers, de quelques estats qu'ils soient.

PROCEZ VERBAL.

L'an mil cinq cent quatre-vingt, le huictiéme jour du mois d'octobre, à nous Messire Philbert du Chastellet, seigneur dudict lieu, Sorcy, Doncourt, Gironcourt, &c. conseiller de nostre Souverain Seigneur Monseigneur le Duc, &c. bailly du Bassigny, furent présentées certaines lettres patentes, par maistre Claude Villiers, procureur général audict bailliage, émanées de nostredict Souverain Seigneur, en date du premier dudict mois, par lesquelles nous estoit commandé convocquer les Estats dudict bailliage pour le faict de la rédaction des Coustumes d'iceluy, desquelles lettres patentes, la teneur s'ensuit.

CHARLES, par la grace de Dieu, duc de Calabre, Lorraine, Bar, Gueldres, marchis, marquis du Pont-à-Mousson, &c. A nostre trescher & féal conseiller & bailly du Bassigny Philbert du Chastellet, ou son lieutenant général, Salut. Comme au mois d'aoust mil cinq cent septante & un, nous vous eussions décerné commission pour faire convocquer en nostre ville de Bourmont, les trois estats de nostre bailliage du Bassigny, pour la rédaction des coustumes d'iceluy, & deslors benignement ouy & receu leurs remonstrances rédigées & présentées par escrit: Ausquelles toutesfois nous ne peusmes entendre n'y pourvoir de reméde convenable au soulagement de nos subjets, pour avoir nostre bonne intention esté retardée, tant par la malice & injure du temps, que pour avoir veu & cognu plusieurs articles proposez deslors par lesdicts Estats, estre contraires à l'ancienne & louable observance, portée par le vieil cayer des coustumes, qui deslors leur fut présenté. Ce qu'ayans mis en délibération des gens de nostre Conseil, aurions trouvé bon & expédient, pour le bien de la justice, de les réformer en aucuns poincts: Mais parce que nostre droicturiere intention, a esté, de pourvoir au bien commun de nosdicts subjects, & ordonner sur les coustumes, tant génération, que municipalles de noz pays, par l'advis & consentement desdicts Estats avons trouvé raisonnable, de faire de rechef iceux assembler pour veoir & entendre les justes & pertinentes occasions qui nous auroit meu de réformer lesdicts articles, afin de rendre tant plus certaines à l'advenir lesdictes coustumes, & icelles establir pour loix inviolables. POUR CE EST IL, Que nous vous mandons, & à chacun de vous ordonnons, que cestes par vous receues, vous signifiez, & faictes signifier, aux gens d'église, vassaulx, & gens de la noblesse, & à ceux du tiers estat de vostredict bailliage, pour estre & comparoir (ou procureurs suffisamment fondez pour eux) dedans le septieme jour du mois de novembre prochainement venant, en nostre ville de la Mothe, pour leur advis, & remontrances sur ce bien & deuement considérez (ouy sur ce nostre procureur général dudict bailliage) estre par nous en après passé outre à l'omologation desdictes coustumes, comme nous verrons à faire

par

par raiſon pour plus grande auctorité & approbation d'icelles. DE CE FAIRE, vous avons donné, & donnons pouvoir, mandement, & commiſſion ſpécialle : Voulans, à vous en ce faiſant, eſtre obey & entendu diligeamment par tous qu'il appartiendra. Car ainſi nous plait. EN TESMOINS DEQUOY, nous avons à ceſdictes préſentes, ſignées de noſtre main, faict mettre & appendre notre grand ſeel. Donné en noſtre chaſteau de Louppy, le premier jour d'octobre mil cinq cens quatre-vingt. Ainſi ſigné CHARLES, Et ſur le reply eſt eſcrit. PAR MONSEIGNEUR LE DUC, &c. Les ſeigneurs de ſainct Balmont bailly de Voſges, de Ligneville capitaine de la Mothe, voué de Condé, & Bournon maiſtres des requeſtes ordinaires, préſens, & contreſigné pour ſecrétaire C. Guerin, & regiſtrata idem pro M. Henry, & ſeellées de cire rouge, à double queuë de parchemin pendant.

POUR exécuter leſquelles lettres patentes, aurions décerné noz lettres de commiſſion, & faict donner aſſignation aux gens des trois eſtats dudict bailliage, pour comparoir par devant nous en la ville de la Mothe, le ſeptieme jour du mois de novembre prochain, deſquelles lettres de commiſſion la teneur s'enſuit.

PHILBERT DU CHASTELLET, chevalier, ſeigneur dudict lieu, Sorcy, Doncourt, Gironcourt, Bize, conſeiller & chambellan de Monſeigneur, bailly du Baſſigny, Au premier ſergent dudict bailliage ſur ce requis, Salut. SÇAVOIR FAISONS, Que veus les lettres patentes de no-

E

ſtre Souverain Seigneur, en date du premier des préſent mois & an, & à nous adreſſées; par leſquelles il nous eſt mandé, faire ſignifier icelles aux gens d'égliſe, vaſſaulx, & gens de la nobleſſe, & du tiers eſtat dudict bailliage; à ce, d'eſtre & comparoir, ou procureurs par eux ſpécialement fondez, dans le ſeptiéme du mois de novembre prochainement venant, en la ville de la Mothe, afin d'entendre à la rédaſtion des couſtumes dudict bailliage, & ſçavoir de ſon ALTESSE, les cauſes & occaſions pour leſquelles, elle trouve expédient corriger & réformer certains articles propoſez en l'an mil cinq cens ſeptante & un, par les députez desdicts eſtats, comme contraires à l'ancien cayer & uſage notoire de tout temps audict bailliage; pour, le tout bien & deuement conſidéré, eſtre paſſé outre à l'omologation deſdictes couſtumes, ainſi qu'il ſe trouvera eſtre à faire par raiſon. A CES CAUSES, nous vous mandons, & commettons, Que, à la requeſte du procureur général audict bailliage, vous ayez à aſſigner en ladicte ville de la Mothe, les gens deſdicts eſtats, à eſtre & comparoir, ou procureur pour eux ſuffiſamment fondez, au ſeptiéme jour du mois de novembre prochainement venant, pour entendre par les députez de ſadicte ALTESSE, les cauſes & occaſions qui meuvent icelle, de réformer iceux articles, pour, eux ſur ce entendus, & le tout conſidéré, eſtre procédé à l'omologation deſdictes couſtumes, comme il appartiendra: Avec inthimation que s'ils ne comparent audict jour, il ſera paſſé outre en leur abſence, ſans qu'il ſoit de beſoin d'autres assignations : Et en outre signifier aux communautez des villes, bourgs & villages dudict bailliage, que leur avons permis s'assembler en faict de communauté, pour passer procuration par eux par devant la justice des lieux pour le faict de ladicte convocation, contenante leurs remonstrances & consentement qu'ils entendent faire, sans qu'ausdictes assemblées, ils puissent traicter & adviser d'autres choses. De ce faire, vous donnons pouvoir, mandons en ce faisant, estre obéy, en certifiant de vostre exploict. Donné soubz nostre seel, le douzieme jour du mois d'octobre mil cinq cens quatre vingt. Ainsi signé, Blanchevoye, & seellé en placart de cire verde.

ET le septiéme jour dudict mois de novembre mil cinq cens quatre vingt, estans en ladicte ville de la Mothe, Nous serions transporté en l'hostel de dame Catherine de Sandrecourt, vefve de defunct messire Christophe de Lignéville, en son vivant chevallier de l'ordre du Roy, seigneur dudict Lignéville, Tumejus, Hoüecourt, &c. conseiller de nostredict Souverain Seigneur, & capitaine de l'artillerie de Lorraine & Barrois : Où aurions faict préparer une salle pour séance desdicts estats, & y estans, ordonné que les comparans feroient leurs présentations au greffe, & par dessus continuées les assignations au lendemain huictiéme dudict mois.

AUQUEL jour & lieu, aurions faict faire lecture desdictes lettres patentes, par noble homme Jean Blanchevoye greffier ordinaire audict bailliage. Après laquelle, ledict procureur nous auroit remonstré, que suivant nosdictes lettres de commission, assignation estoit donnée audict jour en la ville de la Mothe, aux gens des trois estats dudict bailliage, requérant qu'ils fussent appellez, ce qu'aurions ordonné estre faict par ledict Blanchevoye.

Et après que ledict procureur, a remonstré avoit faict donner assignation aux manans & habitans, & communauté de Girefontaine, Sainct Loup, Janey, Plamemont, Belligny, Corbellay, Allivilliers, La-voivre, & Francalmont, village de la terre, prevosté & ressort de Conflans, comme apparoissoit par les exploicts de François Barbier, & François Clerget sergens audict Conflans, avons audict procureur, ce requérant, contre les dessus nommez non comparans, ny autres pour eux, octroyé défaut, & dict qu'il sera passé outre, tant en leur absence, que présence, à la présente rédaction, sans qu'ils soit besoin de nouveau les appeller : sauf s'ils comparent pendant la séance, qu'ils seront ouys & receus.

Auquel procureur, ce réquerant, a esté pareillement octroyé défaut contre les manans & habitans de Vogecourt, & de Clinchamp, non comparans, avec tel prouffit que dessus.

Ledict procureur général, a remonstré, Que comme dès l'an mil cinq cens septante & un, nostredict Souverain Seigneur nous eut decerné commission, afin de convocquer & assembler en la ville de Bourmont, les gens des trois estats dudit bailliage, pour procéder à la rédaction des couſtumes d'iceluy : auſquels furent préſentez, les vieux & anciens cayers d'icelles : ſur leſquels ils auroient adjouſté & diminué : meſmes interpreté ce que bon leur auroit ſemblé, & en fin préſenté à ſon ALTESSE un cayer nouveau, contenant les articles qui leur ſembloit eſtre par cy après obſervez, leſquels, veüs par icelle, elle auroit trouvé expédient réformer aucuns d'iceux, comme du tout contraires à l'ancien uſage. Occaſion, que de rechef aurions eu commandement d'aſſembler leſdicts eſtats en ce lieu de la Mothe, pour leur déclarer les cauſes qui l'auroient meu à faire ladicte réformation, pour, ce faict & avec leur advis & conſentement, omologuer leſdictes couſtumes, pour le bien, repos & ſoulagement des ſubjects dudict bailliage. Et pour mieux inſtruire leſdicts des eſtats, de l'intention de ſadicte ALTESSE, auroit ledict procureur requis lecture eſtre faicte dudict ancien cayer, enſemble de celuy contenant leſdictes réformations, leſquels deux cayers, à ceſte fin il a repreſenté, pour ſur le tout donnner advis, s'en accorder, ou dire ce que bon leur ſemblera : Surquoy faiſans droict, avons ordonné, que lecture ſera faicte deſdits cayers, pour après icelle, eſtre libre & permis auſdicts des trois eſtats, adjouter à iceux articles, diminuer, interpréter, s'en accorder, ou diſcorder comme il verront eſtre à faire. Ce qu'a eſté faict par ledict Blanchevoye hautement & intelligiblement. Et après ce, avons continué noſtre ſéance au dixième dudict mois, aux ſept heures du matin, en attendant les huict.

AUQUEL jour à ladicte heure, nous nous sommes transportez en ladicte salle : où lesdicts des estats nous ont requis avoir ample communication dudit ancien cayer, ensemble de celuy contenant les réformations faictes par sadicte ALTESSE, afin de plus meurement donner advis à iceluy; davantage, pour éviter aux despens & frais excessifs, & ne tomber en confusion, qu'il leur fut permis de choisir de chacun estat, quelques personnages d'entre eux jusques au nombre de cinq, pour par iceux, au nom de tous les assistans, accorder & conclure sur le faict de ladicte rédaction, & y faire ce qu'ils trouveroient y estre expédient, & ausquels, à ceste fin, seront lesdicts cayers communiquez, ce que leur avons permis : suivant laquelle permission, ont tous d'un accord & consentement esleus & choisis :

Sçavoir pour l'estat écclésiastique.

REVERENDS pères en Dieu, Anne du Chastellet, abbé de Flabémont, Philippes de Choiseul abbé de Mureau, Gabriël de Sainct Belin, abbé de Morimont, maistres Nicol Levain doyen de la Chrestienté de Bourmont, & chanoine de la Mothe, & Paris Huart doyen de la Chrestienté de Gondrecourt, & curé dudict lieu.

Pour l'estat de la noblesse.

HAULTS & puissans seigneurs, Jean du Chastellet seigneur des Thons, chevallier de l'ordre du Roy, lieutenant de cent hommes d'armes soub son Altesse, gouverneur de Langres, René d'Aglure seigneur de Lignéville, & Melay, conseiller de mondict seigneur le Duc, gouverneur & capitaine de la Mothe, Christophle de Choiseul, chevallier de l'ordre du Roy, gentil-homme de sa chambre, seigneur de Chamerende, & Verécourt en partie, Jacques de Luz chevallier dudict ordre, seigneur de Bazoilles en partie, Neufville en Verdunois, & honoré seigneur Claude des Verrieres, chambelan de sadicte Altesse, & seigneur d'Amanty.

Pour le tiers estat.

MAISTRES Mammes Collin, Matthieu Aulbertin, & Regnauld Gorret advocats, Jean Gourdot, & Olivier de Halterel, procureur audict bailliage.

CE faict, nous a ledict procureur remonstré avoir fait donner certaines assignations au lendemain onzième dudit mois, auquel jour partant avons continué ladicte séance à huict heures du matin en attendant les neuf, pour recevoir les comparitions des assignez, ausquels ferions entendre ce qu'avoit esté faict és jours précédens, signamment l'élection & pouvoir desdicts députez, pour eux ouys, estre ordonné ce que de raison.

ET ledict jour de vendredy, à ladicte heure de huict du matin, ont comparus en la sale desdicts estats, les manans & habitans, ville & communauté de Conflans, Haulte-ville, & Dampierre par Jean Meurtel fondé de procuration, qui ont requis le rabat du défaut contre eux oĉtroyé, lesquels, ensemble tous les autres des trois estats, avons adverty de l'éleĉtion & pouvoir desdiĉts députez, & iceux admonesté, que s'ils avoient aucune cause de suspition contre aucun d'iceux, & ils les vouloient alleguer, ils y seroient receus : Surquoy, & après qu'il ne s'est trouvé aucun qui ait résisté à ladiĉte éleĉtion, ou proposé aucune cause de suspition, avons icelle éleĉtion confirmé & confirmons. Et ont lesdiĉts députez & esleus promis de sincerement, & en leur conscience dire la vérité sur le faiĉt desdiĉtes coustumes, & anciennes observances d'icelles, & que postposans toutes affections & passions particulieres, ils proposeront & mettront en avant, tout ce qu'il sçauront estre util & profitable au public, & pour le repos & soulagement des subjeĉts dudiĉt bailliage : és mains desquels, avons mis lesdiĉts cayers, pour incessamment & jour après autres, estre advisé sur les interprétations, accord ou discord des articles y contenus.

Et le samedy dixneufième jour dudit mois, iceux députez ont comparu, & déclaré avoir par plusieurs & divers jours communiqué & advisé sur l'accord & discord des articles du cayer contenant lesdiĉtes réformations faiĉtes par son Altesse, sur celuy que les députez des estats de Bourmont avoient présenté en l'année mil cinq cens septante & un, & que satisfaisans à leur charge, ils auroient conclus sur les coustumes dudiĉt bailliage, selon qu'ils les auroient trouvé bonnes, utiles & profitables pour le repos des ſubjets d'iceluy, & ſuivant leſquelles, par cy-après ils devront eſtre régis & gouvernez: deſquelles ils auroient faict dreſſer un cayer à part, qu'ils ont exhibé, ſigné de leurs mains, & iceluy faict préſenter à ſadicte Alteſſe par ledict ſeigneur de Flabémont, réquérans très-humblement icelle qu'il luy pleut procéder à l'omologation & vérification d'iceluy.

Ce faict, le vingt & unième du meſme mois de novembre, ſuivant les lettres patentes de noſtredict ſouverain ſeigneur, en date du jour précédent, le cayer deſdictes couſtumes, de noſtre ordonnance, à la requeſte dudit procureur général, a eſté publié hautement par ledict Blanchevoye en la ſalle deſdicts eſtats, & ordonné qu'elles ſeront leües, publiées, & régiſtrées, és régiſtres de chacun ſiège dudict bailliage, afin que par cy-après l'on n'en puiſſe prétendre cauſe d'ignorance, & que leſdictes patentes d'omologation ſeront inſerées à la fin deſdictes couſtumes. Faict en ladicte ville de la Mothe, les an & jour que deſſus.

S'ENSUIT LA TENEUR

deſdictes lettres d'omologation.

CHARLES, par la grace de Dieu, duc de Calabre, Lorraine, Bar, Gueldres, marchis, marquis du Pont-à-Mouſſon, &c. A tous préſens & à venir, Salut. Comme dès le temps qu'il pleut à Dieu nous appeller au régime &

gouvernement de noz pays, terres, & seigneuries de nostre obéyssance, nous ayons tousiours une droicturiere intention d'adviser à ce qui concerne le repos, bien, & soulagement de noz subjects, & oster toutes occasions de divisions, contentions, & procez entre iceux: & mesme retrancher celles qui journellement s'engendrent, faute d'avoir Loix & Coustumes certaines pour les régler. A ceste occasion, & desirant de les rédimer de telles vexations, & de remettre la justice en son ancienne intégrité & splendeur, nous aurions dès l'an mil çinq cens septante & un, décerné commission, à nostre trescher & féal conseiller Philbert du Chastellet, sieur dudict lieu, Doncourt, Gironcourt, bailly du Bassigny, pour faire convocquer les estats dudict bailliage, afin d'adviser de commettre & députer entre eux, d'un chacun desdicts estats, quelques personnages, pour estre par eux (ouys sur ce les gens de nostre conseil, & procureur général audict bailliage) procedé à la rédaction d'iceluy sur le viel & ancien cayer qui leur seroit proposé & mis en avant, ausquels ils pourroient adjouster ou diminuer: Mesmes déclarer & interprêter ce qu'ils verroient estre néceſſaire & expédient pour le repos & contentement de nosdicts subjects. Occasion que lesdicts trois estats (suivant l'assignation à eux donnée) auroient d'eslors comparus en nostre ville de Bourmont, & d'un commun accord & consentement, députez desdicts estats certains personnages d'entre eux, qui auroient par plusieurs jours vacquez au faict de ladicte rédaction, & enfin nous renvoyé certains cayers clos & fermez, contenans les déclarations & interprétations qui leur auroient semblé estre utiles & nécessaires d'estre adjoustées à l'ançien, nous supplians approuver & auctoriser icelles, ou autrement en ordonner: A quoy pour lors n'y auroit eu moyen d'entendre pour plusieurs occasions & empeschemens à nous survenus. Et d'autant que depuis ledict temps, aucuns desdicts députez auroient allé de vie à trespas, & avant la vérification desdictes coustumes, aurions, par autre commission datée du premier d'octobre dernier passé, ordonné à nostredict bailly, faire de rechef assembler les trois estats dudict bailliage, en nostre ville de la Mothe, pour le septiéme du présent mois de novembre, pour entendre de nous les causes pour lesquelles nous aurions esté justement meu de réformer aucuns desdits articles du cayer proposé audict Bourmont, pour estre iceux contre l'ancienne observance & usage dudict bailliage; lesquels trois estats comparans, auroient receu ledit ancien cayer, & par ensemble communiquez sur la réformation d'iceluy, & à ceste fin députez d'entre eux de chacun estat, cinq personnages, sçavoir pour l'estat écclésiastique, révérends peres en Dieu Anne du Chastellet abbé de Flabémont, Philippes de Choiseul abbé de Mureau, Gabriël de Sainct Belin abbé de Morimont, maistre Nicol Levain doyen de la Chrestieneté de Bourmont, chanoine de la Mothe, & maistre Paris Huart doyen de la Chrestieneté de Gondrecourt, & curé dudict lieu. Pour l'estat de la noblesse, les sieurs Jean du Chastellet, chevallier de l'ordre du Roy, seigneur de Thons, gouverneur de Langres, René d'Anglure, chevalier, seigneur de Lignéville & Melay, gouverneur & capitaine de la Mothe, Christophle de Choiseul, chevalier de l'ordre du Roy, capitaine de Coiffy, sieur de Verécourt, Jacques de Luz, seigneur de Bazoilles, & Claude des Verrieres, seigneur d'Amanty. POUR le tiers estat, maistres Mammes Collin, Regnauld Gorret, Matthieu Aulbertin, Jean Gourdot, & Olivier de Hasterel, advocats & procureurs audict bailliage, lesquels, après avoir recognu ledict ancien cayer, & conferé entre eux sur les anciens usages & observances dudict bailliage, auroient tombé d'accord de certain cayer qu'ils nous auroient présenté, signé de leurs mains, & nous ont supplié très-humblement qu'il nous pleut iceluy auctoriser, & omologuer, pour estre les coustumes y contenuës, par cy après gardées inviolablement pour Loix par tout ledict bailliage & ressort d'iceluy. SÇAVOIR FAISONS, Que le tout veu en nostre conseil, signamment ledict cayer signé par lesdicts députez, & ouy sur ce nostre dict procureur-général audict bailliage, nous, par l'advis des gens de nostredict conseil, avons omologué, confirmé, & auctorisé, omologons, confirmons, & auctorisons ledict cayer & articles desdictes coustumes. Ordonné & ordonnons, que doresnavant elles seront entretenuës, gardées & observées pour loix, coustumes certaines & inviolables. Condamné, & condamnons, tous & chacuns ceux dudict bailliage, & ressort dicceluy, présens & à venir, à les recevoir & observer de poinct en poinct : leur faisons inhibitions & deffence de poſer, articuler, ny faire eſcrire doreſnavant, & pour l'advenir, autres couſtumes. Et à noz baillys, prevoſts, mayeurs, leurs lieutenans, & autres nos officiers dudict bailliage, qu'ils ne reçoivent les parties qui plaideront par devant eux, à poſer, déduire, articuler autres couſtumes, ny les recevoir à informer ſur icelles par turbes, ni autrement, que par extraict. Faiſons auſſi inhibitions & deffences, à tous advocats, procureurs, & autres, de poſer, articuler en jugement, ny ailleurs, par leurs plaidoyers, eſcritures, ny autrement, autres couſtumes que les ſuſdictes accordées par leſdicts trois eſtats. SI DONNONS en mandement, à noſtredict bailly ou ſon lieutenant, que le ſuſdict cayer contenant les articles accordez, & par nous préſentement omologuez, vérifiez, confirmez, & auctoriſez, il face lire, publier hautement ès auditoires & ſiéges ordinaires dudict bailliage, & en tous lieux à faire telles publications, le tout enrégiſtrer ès régiſtres dudict bailliage, afin que nul n'en prétende cauſe d'ignorance. Car ainſi nous plaît. EN TESMOING DEQUOY, nous avons à ceſdictes préſentes, ſignées de noſtre main, faict mettre noſtre grand ſeel. Que furent faictes & données en noſtre ville de la Mothe, le vingtiéme jour du mois de novembre mil cinq cens quatrevingt. Ainſi ſigné CHARLES. Et ſur le reply eſt eſcrit, Par monſeigneur le duc, &c. Les ſieurs baron de Hauſſonville mareſchal de Barrois, de Sainct Balmont bailly de Voſges, commandeur de Robecourt, de Neuflotte, voiié de Condé, Bournon maiſtre des requeſtes ordinaires, Hannezon, & l'Escuyer, présens, & contresigné pour sécretaire M. Bouvet, & plus bas registrata, idem pro M. Henry, & seellé du grand seel de cire rouge, à double queuë de parchemin pendant.

Ensuivent les noms de ceux qui se sont présentez ausdicts estats à ladicte rédaction des coustumes.

Et premier pour l'estat écclésiastique des séneschaulcées de la Mothe & Bourmont, en ce qui ressortit à la cour souveraine des grands-jours de Sainct Mihiel.

LE révérendissime cardinal de Granvelle, pour sa seigneurie de Vaudoncourt, & autres terres & seigneuries qu'il a esdites séneschaulcées & ressort, par Jean Donne-valle assisté de J. Thomas.

Révérend pere en Dieu Anne du Chastellet, abbé commendataire de Flabelmont, pour ses seigneuries de Bulgnéville, Crain-villiers, & autres qu'il tient esdictes séneschaulcées, & ressort, en personne.

Révérend pere en Dieu Gabriël de Sainct Belin, abbé de Morimond, & les religieux & couvent dudict lieu, pour les terres & seigneuries de Levecourt, Frocourt, & autres qu'ils ont esdictes séneschaulcées & ressort, par ledict sieur abbé.

Révérend pere en Dieu Jacques de Tavagny,

abbé de sainct Épvre, les religieux & couvent dudict lieu, pour ce qu'ils tiennent à Sauville, & autres lieux desdictes séneschaulcées & ressort, par M. Aubertin, fondé de procuration.

Noble & religieuse personne frere Jean d'Anglure, chevalier de l'ordre sainct Jean de Jérusalem, commandeur de Robecourt, pour ses seigneuries dudict lieu, Blevaincourt, & autres terres & droicts qu'il tient esdictes séneschaulcées & ressort, en personne.

Noble & religieuse personne Damp René Merlin, abbé de l'abbaye de S. Michel de Sainct-Mihiel, les religieux & couvent dudict lieu, pour ce qu'ils ont & tiennent à Jainvillotte, & autres lieux desdictes séneschaulcées & ressort, par N. Oudin, fondé de procuration.

Noble & religieuse personne frere Claude de Nogent, prieur du bourg Saincte Marie, pour ce qu'il tient à Brainville, & autres lieux desdictes séneschaulcées & ressort, en personne.

Les vénérables prévost, chanoines & chapitre de l'église collégiatte nostre Dame de ladicte Mothe, pour ce qu'ils tiennent audit lieu, Bourmont, Parey, & autres desdictes séneschaulcées & ressort, par M. Nicol Levain, chanoine en ladicte église, assisté de maistre Nicolas Guillaume, procureur audit bailliage.

Les vénérables chappellains de Sainct Florentin, & Sainct Nicolas de Bourmont, pour ce qu'ils y tiennent, à Brouvennes, Brainville, & autres lieux desdites séneschaulcées & ressort, par messire Jean Plumeret, Noel Vigneron, & Nicolas Nulmel chappellains.

Les vénérables ministres & religieux de la Trinité de la Marche, pour ce qu'ils tiennent à Villotte, & autres lieux desdictes séneschaulcées & ressort, par frere Pierre Maulgran, ministre, assisté de maistre Regnauld Goret advocat.

Messire Bertaire Tixerand, prieur de Marey, pour ce qu'il y tient, & autres lieux desdictes séneschaulcées & ressort, par ledict sieur de Flabelmont, assisté d'Olivier de Hasterel, procureur audit bailliage.

Les vénérables doyen, chanoines, & chapitre de nostre Dame de Ligny, pour ce qu'ils tiennent ès lieux de Graffigny, Malaincourt, & autres desdictes séneschaulcées & ressort, par ledict Blanchevoye.

Messire Toussainct Mongin prestre curé de Bulgnéville, Vaudoncourt, & son annexe, en personne.

Maistre Robert Ranconnel, prestre curé d'Aingeville, par messire Jean Vocquel son vicaire.

Frere Jean Drappier, vicaire perpétuel de Robecourt, en personne.

Messire Simon Rollin, prestre curé de Sauville, en personne.

Messire Jean Pumyot, prestre curé de Jainvillotte, en personne.

Messire Simon Haulvenant, prestre curé de Parez, en personne.

Messire Nicolas Maistry, prestre chappellain de la chappelle dudict lieu, en personne.

Messire Jean Forestier, curé de Marey, par ledict Aubertin, fondé de procuration.

Messire Demenge Marot, curé de Gignéville, en personne.

Messire

Messire Denis Picard, curé de Soulaucourt, en personne.

Messire Antoine Pelletier, curé de Morville, annexe de Hagnéville, en personne.

Messire Jean Guillemy, vicaire perpétuel de Bourmont, & Gounaincourt son annexe, par maistre Claude Guillemy.

Noble & scientifique personne maistre Guillaume Roze, docteur en théologie, curé de Levecourt, par messire Henry de Bras son vicaire, assisté de maistre Nicol Mombelet, advocat audict bailliage.

Ledict messire Jean Plumeret, curé de Nijon, & Vauldrecourt son annexe, en personne.

Frere Pierre Gennel, vicaire perpétuel de Chaulmont la ville, par ledict sieur commandeur de Robecourt.

Messire Antoine Morel, prestre curé de Dambellain, & Germainvilliers son annexe, en personne.

Messire Nicolas Seneschal, curé de Champigneulles, en personne.

Messire Didier Hominis, curé de Graffigny, Chemin, & Malaincourt ses annexes, en personne.

Messire Jean Herbelet, curé de Haccourt, en personne.

Messire François Hannus, Curé de Doncourt, en personne.

Messire Girard Menichard, curé de Brainville, par ledict messire Jean Plumeret, fondé de procuration.

Maistre Nicol Roussel, curé de Surianville, en personne.

Messire Nicol Levain, curé de Brouvennes, en personne.

Messire   curé de Columbey, par ledict sieur abbé de Morimond.

Ledict procureur a remonstré avoir fait donner assignation aux vénérables chanoines & chapitre de Lengres, pour les biens qu'ils tiennent audict Columbey, aux curez des lieux du Charmois, Sainctoüain, La Vachereffe, La Roüillie, & Crainvilliers, contre lesquels, non comparans, ny procureurs pour eux, il a requis deffaut, & que pour le proffit d'iceluy il soit dict qu'il sera passé outre à la rédaction desdictes coustumes dudict bailliage, & exécution des patentes de son ALTESSE, en leur absence, & sans qu'il soit besoing les réadjourner, ce que luy avons octroyé, sauf toutesfois, que s'ils comparent pendant la séance, seront receus, & non autrement.

Et pour l'estat de la noblesse, en ce qu'est desdictes séneschaulcées de la Mothe & Bourmont, audict ressort de Saint Mihiel, ont comparu, sçavoir :

MESSIRE Jean Federic de Madruche comte Daive & de Challant, & Joseph comte de Torniel, barons de Boffroimont, à cause de leur seigneurie qu'ils ont audict Aingeville, par maistre Humbert du Molinet, advocat audict bailliage, & Jean Thiery leurs procureurs.

Messire Jean du Chastellet, chevalier de l'ordre du roy de France, gouverneur de Lengres, lieutenant de cent hommes d'armes, soub la charge de sadicte ALTESSE, tant en son nom à cause de sa seigneurie de Champigneulles, & autres terres qu'il a esdictes séneschaulcées & ressort, qu'aussi comme ayant la garde noble d'honoré seigneur Claude du Chastellet son nepveu, seigneur de Deüilly, Bulgnéville, en partie, &c. pour sa seigneurie dudict Bulgnéville, & autres terres & seigneurie qu'il a esdictes séneschaulcées & ressort, en personne.

Messire René d'Anglure, chevalier, conseiller de sadicte ALTESSE, soub-lieutenant de sa compagnie, capitaine de ladicte Mothe, seigneur de Lignéville, Melay, &c. en personne.

Messire Christophle de Choiseul, chevalier dudict ordre, gouverneur de Coiffy, baron de Chamerende, sieur de Verecourt en partie, pour les terres qu'il a ès lieux de Bourmont, Gouvaincourt, Brainville, & autres fiefs qu'il tient esdictes séneschaulcées & ressort, en personne.

Messire Jacques de Luz, chevalier dudict ordre, seigneur de Neufville en Verdunois, Bazoilles en partie, &c. pour ce qu'il tient audict Bazoille, au deçà de la riviere de Meuze, & autres lieux desdictes séneschaulcées & ressort, en personne.

Honoré seigneur Jean du Pourcelet, sieur de Maillane, Voitelle, Bezonville, chambelan de monseigneur, enseigne de cinquante hommes d'armes, soub la charge de monseigneur le marquis du Pont, au nom & comme curateur créé par Justice à Philippe du Chastellet, sieur dudict

Bulgnéville en partie, &c. pour ses seigneuries dudict Bulgnéville, Marey, Gignéville, & autres qu'il tient esdictes séneschaulcées & ressort, en personne.

Noble & religieuse personne Jacques Philippe de Lignéville, chevalier de l'ordre de sainct Jean de Jérusalem, commandeur de Marbotte, chambelan de monseigneur, comme tuteur des enfans dudict feu messire Christophle de Lignéville, en son vivant seigneur dudict lieu, Tumejus, &c. chevalier dudict ordre & conseiller de nostre souverain seigneur, pour les fiefs qu'ils ont ès lieux de Soulaucourt, Malaincourt, & autres desdictes séneschaulcées & ressort, en personne.

Honorée dame, dame Françoise de Lenoncourt, vefve de feu Philbert du Chastellet, dame de Bulgnéville en partie, &c. par Jacques de Lignéville, seigneur de Vannes, &c. fondé de procuration, à cause de ses seigneuries dudict Bulgnéville, Marey, Gignéville, & autres qu'elle, comme tutrice de messieurs ses enfans, tient esdictes séneschaulcées & ressort.

Honoré seigneur Louys des Armoises, sieur d'Aultrey, Bazoilles en partie, &c. pour ce qu'il tient audict Bazoilles, au deçà de la riviere de Meuze, & autres lieux desdictes séneschaulcées & ressort, par le sieur de Dompmartin, fondé de procuration.

Honorée dame, dame Catherine de Sandrecourt, vefve dudict feu sieur de Tumejus, pour les biens qu'elle a esdictes séneschaulcées & ressort, par Claudin Lalloüette son procureur, assisté de maistre François Genin advocat audict bailliage, qui a protesté que la présentation & comparition dudict sieur commandeur de Marbotte en ladicte qualité de tuteur ne luy puisse préjudicier, d'autant qu'elle maintient que les enfans dudict feu sieur de Tumejus & d'elle, n'ont aucuns biens esdictes séneschaulcées & ressort, ny mesmes au présent bailliage, soit par le décez de leurdict feu pere, ou autrement, & qu'elle est tutrice légitime, testamentaire & naturelle desdicts mineurs ses enfans, & non ledict sieur commandeur, dont & desquelles protestations, elle a demandé acte pour s'en servir & valloir en temps & lieu, comme de raison, que luy a esté octroyé.

Honoré seigneur Antoine du Chastellet, seigneur de Pierrefitte pour son fief de Sainctoüain, & autres qu'il a esdictes séneschaulcées & ressort, en personne.

Honoré seigneur Jean de la Vaux, chambellan de son ALTESSE, seigneur de Vereycourt en partie, &c. pour les terres qu'il tient ès lieux de la Mothe, Bourmont, Brainville, Vauldrecourt & autres desdictes séneschaulcées & ressort, en personne.

Honoré seigneur Christophle de Serocourt, seigneur de Belmont, & Mandres en Barrois, pour son fief dudict Mandres, par Charles de Sèrocourt son fils.

Honorée dame Charlette de Clermont, dame de Montigny sur Aulbe, & de Dambellain en la petite seigneurie, pour son fief dudict Dambellain, par Remy Pricquel.

Honorez seigneurs Marc des Salines, & Chriſtophle de Berthelevile, ès noms de damoiſelles Antoinette, & Magdelaine leurs femmes, pour les terres & ſeigneuries qu'ils tiennent au lieu de Chaulmont la ville, & autres lieux deſdictes ſéneſchaulcées, & reſſort.

Honoré ſeigneur Antoine de Tavagny, gouverneur pour ſon ALTESSE au comté de Bitche, & damoiſelle Catherine de Sainct Belin ſa femme, relicte de feu Philippe de Serocourt, ſeigneur de Romain ſur Meuze, Illoud, &c. quand il vivoit, au nom & comme ayant la garde noble des enfans dudict feu ſieur de Romain, & d'elle, pour ce qu'ils tiennent au lieu de Haccourt, & autres lieux deſdictes ſéneſchaulcées & reſſort.

Honoré ſeigneur Charles de Gallot, ſeigneur de Sainct Jean, gentilhomme ordinaire de la maiſon de ſon ALTESSE, comme héritier de feu honoré ſeigneur, Louys de Sainct Loup, à cauſe de damoiſelle de Sainct Loup ſa femme, pour ce qu'il tient au lieu de Jainvillotte, & autres villages deſdictes ſéneſchaulcées & reſſort, en perſonne.

Baltazard de Suzémont, ſieur de la forte maiſon de Brainville, pour le fief qu'il tient audit Brainville, à cauſe de ladicte forte maiſon, en perſonne.

Elophe de Joiſel, eſcuyer, pour les terres qu'il tient au village de Soulaucourt, & autres lieux deſdictes ſéneſchaulcées & reſſort, en perſonne.

Henry Daulcy, eſcuyer, gruyer de Bar, en perſonne.

Louys de la Dixmerie, ſieur de la Loge, pour ſon fief du Charmois les Bains, en perſonne.

Maiſtre Antoine Bouvot, eſcuyer, conſeiller

du roy de France, préſident en l'eſlection de Lengres, pour ce qu'il tient de fiefs, & terres ès lieux de Sauville, Haccourt, & autres deſdictes ſéneſchaulcées & reſſort, à cauſe de damoiſelle Marguerite Levain ſa femme, comme ayant la charge & adminiſtration des corps & biens d'Abraham, & Jean de Bar, enfans de feu Dominicque de Bar, en ſon vivant, eſcuyer, ſéneſchal de la Mothe, & Bourmont, en perſonne.

Guillaume, & Claude les Devailles, eſcuyers, ſieurs de Sainctoüain en partie, pource qu'ils tiennent audict Sainctoüain, & autres lieux eſdictes ſéneſchaulcées & reſſort, en perſonne.

Robert de Chaſtenois, ſieur de Mandres en partie, pour les fiefs qu'il tient audict Mandres, & autres lieux deſdictes ſéneſchaulcées & reſſort, par ledict Guillaume, fondé de procuration.

Noble homme Nicolas Heraudel, ſieur dudict Mandres en partie, pour les fiefs & terres qu'il a audict Mandres, & autres lieux deſdictes ſéneſchaulcées & reſſort, en perſonne.

Noble homme, & ſage maiſtre Claude Sarazin, licentié ès droits, procureur général au bailliage d'Aſpremont, & advocat en la cour de parlement à Sainct Mihiel, pour ce qu'il tient eſdictes ſéneſchaulcées & reſſort, par noble homme Jean de Hondreville.

Hector de l'Eſpine, ſieur de Martigny en partie, pour ce qu'il tient eſdictes ſéneſchaulcées & reſſort, en perſonne.

Robert, & Chriſtophle d'Orgain, eſcuyer, pour ce qu'ils tiennent eſdictes ſéneſchaulcées & reſſort, en perſonnes.

Ledict Jean de Hondreville, recepveur au Neuf-Chastel, pour ce qu'il tient esdictes séneschaulcées & ressort, en personne.

Noble homme François Simonin, sieur de Germainvilliers en partie, pour ce qu'il tient audict Germainvilliers, en personne.

Noble homme Urbain Domptaille, pour ce qu'il tient esdictes séneschaulcées & ressort, en personne.

Claude, & Pierre les Voiriotz, dict de Bouzey, pour ce qu'ils tiennent au village de Dambellain, en personnes.

Surquoy nous a esté remonstré par les sieurs de Lignéville, & de la Vaux présens, & les sieurs de Romain par ledict Aubertin, & Jacques de Bouzey par ledict Collin, que lesdicts Pierre, & Claude les Voiriotz s'étoient qualifiez du nom de Bouzey, à quoi lesdicts sieurs remonstrans s'opposoient, déclarans telle qualité n'appartenir ausdicts Voiriotz, & ausquels il n'est loisible porter ny le nom, ny les armes de la maison de Bouzey, requérans à ce moyen ladicte qualité estre rayée, lesquels Voiriotz dict de Bouzey, ont dict estre yssus de la maison de ceux de Bouzey, du costé de leur mere, & avoir permission de son ALTESSE d'en porter le nom & les armes, & pourquoy empeschoient ladicte radiation. Surquoi avons le tout renvoyé à sadicte ALTESSE, pour y ordonner ce qu'il luy plaira.

Ledict procureur a dict avoir faict assigner par devant nous les sieurs de Renepont, & Des-Frenel, pour les terres & seigneuries qu'ils possedent esdictes séneschaulcées & ressort. Mesme ès lieux de Brouvennes, Graffigny & autres, contre lesquels non comparans, il a requis deffaut pure & simple, & pour le proffit qu'il soit dict qu'il sera passé outre à la rédaction desdictes coustumes, sans qu'il soit besoing de les rappeller de nouveau, sauf s'ils se présentent pendant la séance des présens estats, pendant laquelle ils y seront receus & ouys : ce qu'a esté octroyé.

Et pour le tiers estat desdictes séneschaulcées & ressort, se sont présentez :

NOBLE & prudent homme, maistre Jean de Lisle, licentié ès loix, lieutenant général audict bailliage, en personne.

Sage & prudent homme, Claude de Villiers, escuyer, licentié ès loix, conseiller de monseigneur, auditeur en la chambre des comptes de Barrois, & son procureur général audict bailliage, en personne.

Maistre Nicol Mombelet, licentié ès loix, lieutenant particulier audict bailliage, en personne.

Maistre Antoine Robert, licentié ès loix, séneschal, gruyer, & recepveur ès séneschaulcées de la Mothe, & Bourmont, en personne.

Maistre François Genin, licentié ès droicts, advocat audict bailliage, & substitut dudict procureur en la séneschaulcée de Bourmont, en personne.

Maistre Mammes Collin, licentié ès droicts, advocat audict bailliage, en personne.

Maiſtre Nicolas Guillaume, ſubſtitut dudict procureur, au lieu de la Mothe, en perſonne.

Honoré Remy, commis au greffe dudict bailliage, en perſonne.

Maiſtre Claude Guillemy, commis au greffe de la ſéneſchaulcée, en perſonne.

Jean Rouyer l'aiſné, garde des ſeaulx deſdictes ſéneſchaulcées, en perſonne.

Honneſte homme Jean Thabouret, lieutenant de capitaine, à Bourmont, en perſonne.

Maiſtre Valentin Morel, procureur eſdictes ſéneſchaulcées, en perſonne.

Roland Brochard, praticien, & ſergent audict bailliage, en perſone.

Claude Millot.
Didier Rollin.
Jean Rouyer le jeune.
Humbert Regnault.
Nicolas la Barre.
Jean Millot.
Claude Mahuet.
François Truillier.
François Cuiſenier.
George Olivier.

} Auſſi tous ſergens audict bailliage, en perſonnes.

Les bourgeois, manans, & habitans de ladicte ville de la Mothe, par Jean Daulvin, mayeur, & ledict maiſtre Mammes Collin, fondé de procuration ſpeciale.

Les bourgeois, manans, & habitans de la ville de Bourmont, par Jean Laſnier l'aiſné, & Jean Laſnier le jeune, fondez de procuration.

Les habitans de Bulgnéville, par Claude Fromont, Antoine Jacquenel, & François Clerc, fondez de procuration.

Les habitans d'Aingeville, par Pierre Huguet mayeur, & Remy Malloy, fondez de procuration.

Les habitans de Robécourt, par Jean Bresson mayeur, & Nicolas Antoine, eschevin, fondez de procuration

Les habitans de Sauville, par Mongeot Seneschal, & Brissot Viard, fondez de procuration.

Les habitans de Vauldrecourt, par Noël Husson, & Nicolas Regnault, fondez de procuration.

Les habitans de Jainvillotte, par Jean Tassart, fondé de procuration.

Les habitans de Vaudoncourt, par Didier Poiresson mayeur, Claude Thomas, & Claude Haulvenant, fondez de procuration, assistez dudict Collin.

Les habitans de Parey, par Pierre Maistry, & Nicolas Jacquet, fondez de procuration.

Les habitans de Marey, par Jean Didelot, & Bresson George, fondez de procuration, assisté dudict Aubertin.

Les habitans de Gignéville, par Gérard Mareschal, assisté de maistre Jean Vernisson, prévost de Chastillon, fondé de procuration.

Les habitans de Mandres sur Voire, en ce qui est du Barrois, par Mongin Masson, Florentin, & Estienne Noel, fondez de procuration.

Les habitans d'Oultremescourt, par Pierre Bailly, mayeur, fondé de procuration, assisté dudict Collin.

Les habitans de Soulaucourt, par Pierre Gruyer, mayeur, & Mammes Didier, fondez de procuration.

Les habitans de Morville, par Demenge & Denis les Thiebault, fondez de procuration, assistez dudict Collin.

Les habitans de Hareyville, en ce qui est au deçà de la riviere de Meuze, par ledict maistre Nicolas Guillaume.

Les habitans du Charmois les bains, par ledict Collin, fondé de procuration.

Les habitans de Blevaincourt, en ce qui est de la seigneurie de Robecourt, par Nicolas Iacquot, & Jean Jacquin.

Les habitans de Graffigny, & Chemin, par Claude Collin, & Nicolas Breton, fondez de procuration, assistez dudict V. Morel.

Les habitans de Chaumont la ville, par Antoine Genin, & Jean Parisot, fondez de procuration, assistez dudict maistre François Genin.

Les habitans de Dambellain, par François Godard, Nicolas Guichard, Nicolas Collin, & Remy Pricquel, fondez de procuration, assistez dudict Morel.

Les habitans de Sainctoüain, par Jean Bezançon, Éloy Macquaire, & Maurice Sarey, fondez de procuration.

Les habitans de Crainvilliers, par Nicolas Clerc, Antoine Petit Jean, & Jean Girardin, fondez de procuration.

Les habitans de Villotte, par Guillaume Thieriot, fondé de procuration.

Les habitans de Champignulle, par François Camus, & Denis Husson, fondé de procuration.

Les habitans de Germainvilliers, par Jean Chauderon, François Thiellier, Jean Breton, & Jean Picard, fondez de procuration,

Les habitans de la Grange de Vaudainvilliers, par Simon Michel, fondé de procuration, assisté dudict Mombelet.

Les Gaigneurs des Gouttes hault & bas, par Jean Droüot, mayeur audict lieu, assisté dudict Mombelet.

Les habitans de la Grange de Frocourt, par Jean Cherey, mayeur audict lieu, assisté de N. Mombelet.

Les habitans de Nijon, par Jacquot Roche, & Jean Husson, fondez de procuration.

Les habitans de Haccourt, par Jean Espaulart, mayeur, & Julien Didier, assistez de V. Morel.

Les habitans de Levecourt, par Pierre Grevain, & Jean Mesnageot, fondez de procuration.

Les habitans de Doncourt, par Gand Droüot, & Mongeot Gaultier, fondez de procuration.

Les habitans de Malaincourt, par Nicolas Chauchard, & Jean Masselin, fondez de procuration, assistez dudict Morel.

Les manans & habitans de Brainville, par Nicolas la Barre, Claude Mahuet, & Pierre le Signe, fondez de procuration.

Les habitans de Surianville, par Jean Marchaudot, Vincent Gros-Jean, & Demenge Guichard, fondez de procuration.

Les habitans de Brouvennes, par Bastien Bernard, Nicolas de Villotte, & Nicolas Bricard, fondez de procuration.

Les manans & habitans de la Vacheresse, & Rouillie, par Nicolas Ferry, & François de Villotte, fondez de procuration.

Les manans & habitans de Columbey, par

Jean Pricquel, & Claude Hazard, fondez de procuration.

Les habitans de Gouvaincourt, par Pierre Garosse, & Pierre Gillot, fondez de procuration.

Et ceux qui ont comparuz, qui sont dudict bailliage au ressort du parlement de Paris : sçavoir, des prévostez de la Marche, Gondrecourt, Chastillon, Conflans en Bassigny, & des séneschaulcées de la Mothe, & Bourmont, siége de Sainct Thiebault.

Premier pour l'estat écclésiastique.

LE révérendissime cardinal de Granvelle, pour les terres & seigneuries, qu'il a ès lieux de Senaide, Conflans, & autres desdicts siéges & prévostez, par ledict Donneval, assisté dudict Thomas.

Révérend pere en Dieu, Anne du Chastellet, abbé commendataire de Flabelmont, religieux & convent dudict Flabelmont, par ledict sieur abbé, pour les terres, & biens qu'ils ont ès susdictes prévostez.

Révérend pere en Dieu, messire Philippe de Choiseul, conseiller & aulmosnier du Roy, abbé de Mureau, comparant en personne, tant en son nom que pour les religieux, prieur & convent dudict Mureau, pour les terres & biens qu'ils ont esdictes séneschaulcées, siége dudict Sainct Thiebault.

Révérend pere en Dieu, Gabriël de Sainct Belin, abbé de Morimond, pour les terres & seigneurie, & biens qu'il a esdicts siéges & prévostez, en personne.

Révérend pere en Dieu Jacques de Tavagny, abbé de sainct Épvre, & les religieux & convent dudict lieu, pour ce qu'ils tiennent esdictes prévostez, par M. Aubertin.

Damp René Merlin, abbé de l'abbaye de S. Michel de Sainct Mihiel, & les religieux & convent dudict lieu, pour ce qu'ils tiennent au lieu de Sainct Thiebault & Hareyville, siége dudict Sainct Thiebault, par N. Oudin.

Révérend pere en Dieu, frere Thiebault Poncet, abbé de Clerefontaine, & les religieux & convent dudict lieu, pour ce qu'ils tiennent audict Conflans, & autres lieux desdicts siége & prévostez, par ledict sieur Gabriël de Sainct Belin, abbé de Morimond.

Noble & religieuse personne frere Claude de Nogent, prieur du bourg Saincte Marie, pour ce qu'il tient à Romain sur Meuze, en personne.

Les vénérables prévost, chanoines & chapitre de l'église collégiatte nostre Dame de ladicte Mothe, par maistre Nicol Levain, chanoine en ladicte église, assisté de maistre Nicolas Guillaume, procureur audict bailliage, pour ce qu'ils tiennent ès lieux de Liffol de Grand, Goncourt, & autres desdicts siége & prévostez.

Les vénérables chappellains, des chappelles

de Sainct Florentin, & Sainct Nicolas de Bourmont, pour ce qu'ils tiennent audict Sainct Thiebault, & autres lieux dudict ſiege, par meſſires Jean Plumerel, Noel Vigneron, & Nicolas Bullemel chappellains.

Les vénerables de la Trinité de la Marche, par frere Pierre Moulgras, miniſtre, aſſiſté de maiſtre Regnauld Gorret, advocat, pour ce qu'ils tiennent à ladicte Marche, & prévoſté d'illec.

Meſſire Berthaire Tixerand, pour ce qu'il tient au lieu de Bleureville, & autres lieux deſdictes prévoſtez, par ledit ſieur de Flabelmont, aſſiſté de maiſtre Olivier de Haſterel, procureur audict bailliage.

Meſſire Nicolas Mengin, prieur de Fouchecourt, pour ſon prieuré dudict lieu, par maiſtre Jean Palas.

Le prieur de Gondrecourt, par maiſtre Paris Huart, ſoub-prieur.

Diſcrette perſonne René de Joiſel, chappellain de ſainct Blaiſe de Gondrecourt, par Elophe de Joiſel eſcuyer, ſon frere.

Noble & ſcientificque perſonne maiſtre Guillaume Roſe, docteur en ſaincte théologie, curé de Heuillecourt, annexe de Levecourt, par meſſire Henry de Bras, vicaire, aſſiſté de maiſtre Nicol Mombelet, advocat audict bailliage.

Meſſire Antoine Voſgien, curé dudict S. Thiebault, en perſonne.

Ledict maiſtre Nicol Levain, curé de Goncourt, en perſonne.

Meſſire Guillaume Gaulchier, curé de Veroncourt, en perſonne.

Meſſire

Messire Florentin Mourot, curé d'Ouzieres, par maistre Valentin Morel, procureur audict bailliage, fondé de procuration.

Messire Jean Humbelot, curé de Bazoilles, en personne, assisté de maistre Mammes Collin, advocat audict bailliage.

Messire Elophe Morel, curé de Liffol le grand, en personne.

Frere Claude Ferry, vicaire de Villorcel, par ledict sieur de Mureau.

Messire François Bandelaire, curé de Hareyville, par ledict Guillaume procureur.

Messire Simon Jorien, curé de Romain sur Meuze, en personne, assisté dudict Collin.

Messire Jean Bullemel, curé d'Illoud, en personne.

Frere Jean Drappier, curé de Blevaincourt, en personne.

Messire Nicol Jolibois, curé de Rozières lez les Blevaincourt, en personne.

Messire Noel Louys, curé de Tollaincourt, en personne.

Messire Nicolas Guerre, curé de Martigny, en personne.

Messire Demenge Melay, curé audict Martigny, au petit ban dict de Dompierre, en personne.

Messire Blaise Maillot, curé d'Ainvelle, en personne, assisté de maistre Jean Vermisson, advocat audit bailliage.

Frere Pierre Huet, vicaire en la cure de Seroçourt, en personne.

Frere Jacques Jacquet, vicaire en la cure de S. Julian, par ledict sieur de Flabelmont.

Messire Didier François, curé de Provenchieres, en personne.

Messire Simon Monginot, curé de Bleureville, en personne.

Messire Simon Soutreul, curé de Lironcourt, en personne.

Messire Mansuy Thomas, curé d'Iche, par ledict de Hasterel, fondé de procuration.

Messire Mammes Quanquery, curé de Sereycourt, par ledict sieur de Flabelmont.

Frere Claude Jobelin, vicaire perpétuel de la cure de Verécourt, par messire Claude Marchal, son vicaire.

Noble & religieuse personne maistre Jean de Palas, curé de Senaide, en personne.

Messire Epvre Deschault, curé de Malleroy, par François Billard, assisté de maistre Humbert du Moulinet, advocat audict bailliage, fondé de procuration.

Messire Geoffroy Nicolas, curé de Romain aux bois, en personne.

Vénérable & discrette personne, maistre Pierre de Sandrecourt, curé de Grignoncourt, en personne.

Messire Hugues Richardot, curé de Blondefontaine, par ledict Vermisson, fondé de procuration.

Messire Antoine de Poisson, curé de Melay, en personne.

Ledict Messire Paris Huart, doyen de la chrestienté de Gondrecourt, & curé dudict lieu, en personne.

Messire Elophre Pariset, curé de Goussaincourt, par ledict Huart, fondé de procuration.

Messire Didier Brutier, curé de Giranvilliers, & Badonvilliers son annexe, par ledict Huart, fondé de procuration.

Messire Elophe Charpentier, curé d'Espiey, par ledict Huart, fondé de procuration.

Messire Jean Grand-Jean, curé de Domp Remy, par Nicolas Noblesse, fondé de procuration.

Messire François Poirel, curé d'Eu-Ruffe, par ledict Huart, fondé de procuration.

Messire Guillaume Mongeot, curé de Rozieres, prévosté de Gondrecourt, par ledict Huart, fondé de procuration.

Messire Jean Bayard, curé de Maxey sur Voize, par ledict Huart, fondé de procuration.

Messire Demenge Hareville, curé d'Abieville, par ledict Huart, fondé de procuration.

Messire Didier Broutier, vicaire perpétuel de la cure de Houdelaincourt, & Baudignecourt son annexe, par ledict Huart, fondé de procuration.

Damp François Olry, curé de Demenge aux eaues, par ledict Huart, fondé de procuration.

Messire Jean du Bois, curé de Mauvage, par ledict Huart, fondé de procuration.

Messire Estienne des Champs, curé de Nayve en Blois, par ledict Huart, fondé de procuration.

Messire Estienne Henry, curé de Vothon hault, & Vothon bas, par ledict Huart, fondé de procuration.

Messire Didier Matelot, curé de Dehorville, par ledict Huart, fondé de procuration.

Messire Claude la Hiere, curé de Dainville, par ledict Huart, fondé de procuration.

Messire Martin Martin, curé de Clerey, par messire Gérard de Mey son vicaire audict lieu.

Aussi ledict procureur a remonstré avoir faict donner assignation aux prieurs de Sainct Belin,

Bleureville, Deuilly: aux curez de Clinchamps, Frain, Thons, Fouchecourt, Tignecourt, Morisecourt, Saulxures, Becharmois, Corres, Grignoncourt, Bousseraucourt, Vosgecourt, Conflans, Dampierre, Girefontaine, Haultevelle, Sainct Loup, Allevilliers, Jasney, Planiémont, Bolligny, Corbenay, Laveure, Burey en vaulx, Amanty, Pargney sur Meuze, Brouxey en Blois, & Lezeville, contre lesquels non comparans, ny procureurs pour eux, il a requis deffault, & que pour le proffit d'iceluy, il soit dict qu'il sera passé outre, à la rédaction des coustumes dudict bailliage, & exécution des patentes de son ALTESSE, en leur absence, sans qu'il soit besoing de les rappeller. Ce que luy avons octroyé, sauf toutesfois s'ils comparent pendant la séance, ils seront receuz, & non autrement.

En procédant ausquelles comparitions, & à l'appel des dessusnommez, a ledict sieur de Morimond protesté que les présentations desdicts sieurs abbé de Flabelmont & Mureau premieres que la sienne, & leur séance ne luy puissent préjudicier, maintenant qu'il doit précéder, d'autant que ladicte abbaye de Flabelmont est fille dudict Morimond, & que lesdicts sieurs de Flabelmont, & Mureau sont abbés commendataires, & non portans l'habit de l'ordre, comme ledict de Morimond, & par ledict sieur de Flabelmont a esté faict protestation contraire, soustenant que ses présentations & séances à l'assemblée desdicts estats doivent estre premieres que celles dudict sieur de Morimond, tant pour la qualité de sa maison, & le lieu qu'elle tient ès pays de Lorraîne, que pour estre ladicte abbaye de Flabelmont seulle assize en ce bailliage du Bassigny. Sur quoy leur avons respectivement octroyé act de leur protestations, & dict que sans préjudice des prérogatives par eux prétendues, les présentations demeureront selon qu'elles ont esté enrégistrées.

Et pour l'estat de la noblesse.

HAULT & puissant Prince, Charles Philippe de Crouy, marquis de Haurey, baron de Fontenoy, Fenestrange, & Bayon, pour les fiefs qu'il tient esdictes prévostez: par le sieur de Myon son maistre d'hostel, assisté dudict Thomas advocat.

Hault & puissant seigneur, Jean comte de Salm, baron de Vivier, Fenestrange, Brandembourg, seigneur de Ruppes, Domp Remy la Pucelle, Pargney sur Meuze, Daimville, Bertheleville, & Greu, mareschal de Lorraine, & gouverneur de Nancy; pour les fiefs qu'il tient esdictes prévostez; par noble Jean Barnet, conseiller & secrétaire de monseigneur, auditeur des comptes de Lorraine, procureur, spécialement fondé dudict seigneur comte.

Haults & puissans seigneurs Jean Federich de Madruche, comte d'Auye, & de Challant, Joseph de Torniel, comte dudit Challant, barrons de Boffroymont, pour les terres & seigneuries de Blevaincourt, Rozieres, & autres qu'ils tiennent esdictes prévostez, par ledict du Molinet, & Jean Thiery leurs procureurs.

Hault & puissant seigneur, messire Jean du Chastellet, chevalier de l'ordre du Roy, gouverneur de Lengres, lieutenant de cent hommes d'armes, sous la charge de sadicte ALTESSE, tant en son nom, à cause des seigneuries des Thons, & autres fiefs qu'il tien esdictes prévostez, que comme ayant la garde noble, d'honoré seigneur Claude du Chastellet son nepveu, seigneur de Deüilly, Sereycourt, Tygnecourt, & autres fiefs qu'il posséde esdictes prévostez, en personne.

Messire René d'Anglure, chevalier, conseiller de sadicte ALTESSE, soub-lieutenant de sa compagnie, capitaine de ladicte Mothe, seigneur de Ligneville, Melay, &c. pour sa seigneurie dudict Melay, & autres fiefs qu'il tient esdicts siéges & prévostez, en personne.

Messire Antoine de Choiseul, chevalier, seigneur baron de Clefmont, pour le fief qu'il a au lieu de Heuillecourt, & autres qu'il tient esdits siéges & prévostez, par ledict Mombelet, fondé de procuration.

Messire Christophle de Choiseul, chevalier dudict ordre, gouverneur de Coeffy, baron de Chamerende, sieur de Verecourt en partie, pour les fiefs qu'il tient esdicts siéges & prévostez, en personne.

Messire Elophre de Beauvau, chevalier, baron de Rortey, & Merigny, pour les terres & seigneuries qu'il tient esdicts siéges & prévostez, par maistre Jean Gourdot, procureur audict bailliage.

Messire François de Mailly, chevalier dudict

ordre, baron d'Escot, seigneur de Clinchamps, pour ce qu'il tient esdicts siéges & prévostez, en personne.

Messire Jacques de Luz, chevalier dudict ordre, seigneur de Neufville en Verdunois, Bazoilles, &c. pour ce qu'il tient esdicts siéges & prévostez, en personne.

Messire Christophle le Loup, chevalier dudict ordre, Menetoul, seigneur desdicts Sereycourt, Tignecourt, pour les terres & seigneuries qu'il tient esdictes prévostez, par ledict de Hasterel.

Messire Jacques de Sainct Blaise, chevalier, baron de Tressy, seigneur de Changy, & de Domp Remy en partie, pour ce qu'il tient esdictes prévostez, par Nicolas Noblesse, son procureur.

Messire François d'Anglure, seigneur & baron de Sainct Loup, Coublanc, &c. pour ce qu'il tient esdicts siéges & prévostez, par Simon Thomassin, fondé de procuration.

Messire Jean de Pourcelet, seigneur de Maillane, Voitel, Buzonville, &c. chambelan de monseigneur, enseigne de cinquante hommes d'armes, soub la charge de monseigneur le marquis du Pont, au nom & comme curateur créé par justice de Philippe du Chastellet, seigneur de Bulgneville en partie, pour ce qu'il tient esdicts siéges & prévostez, en personne.

Noble & religieuse personne, Jacques Philippe de Lignéville, chevalier de l'ordre de Sainct Jean de Jérusalem, commandeur de Marbotte, chambellan de monseigneur, comme tuteur des enfans de feu messire Christophe de Lignéville, en ſon vivant ſeigneur dudict lieu, Tumejus, &c. chevallier de l'ordre du Roy, conſeiller de noſtredict ſouverain ſeigneur, pour les fiefs qu'il tient eſdicts ſieges & prevoſtez, en perſonne.

Honorée dame, dame Catherine de Sandrecourt, vefve dudict feu ſieur de Tumejus, pour les biens qu'elle a eſdicts ſiéges & prévoſtez, par Claudin l'Allouette, ſon procureur, aſſiſté de maiſtre François Genin, advocat audict bailliage, qui a proteſté que la préſentation & comparition dudict ſieur de Marbotte, en ladicte qualité de tuteur ne luy puiſſe préjudicier, d'autant qu'elle maintient que les enfans dudict ſieur de Tumejus & d'elle, n'ont aucuns biens eſdicts ſiéges & prévoſtez, ſoit par le décez de leur feu pere, ou autrement, & qu'elle eſt tutrice légitime, teſtamentaire & naturelle deſdicts mineurs ſes enfans, & non ledict ſieur commandeur, dont & deſquelles proteſtations elle a demandé act pour s'en ſervir & valloir en temps & lieu, comme de raiſon, que lui a eſté octroyé à meſme fin qu'au procez verbal de la préſentation, ſoub le reſſort de Sainct Mihiel.

Honoré ſeigneur, Louys des Armoiſes, ſieur d'Aultrey, Bazoilles en partie, &c. pour les terres qu'il tient eſdits ſiéges & prévoſtez, par le ſieur de Dompmartin, fondé de procuration.

Meſſire Jean d'Eſguilly, chevalier de l'ordre du Roy, ſeigneur dudict lieu, pour ſon fief de Saulxures, prévoſté de la Marche, par Jean Dauldenet, marchand demeurant à Lengres, fondé de procuration.

Honoré ſeigneur Jean de la Vaulx, chambelan

de ſon ALTESSE, ſeigneur de Verecourt en partie, &c. pour ſon fief dudict lieu, & autres qu'il a eſdicts siéges & prévoſtez, en perſonne.

Honoré ſeigneur Antoine de Choiſeul, ſeigneur d'Iche en partie, pour ſon fief dudict lieu, en perſonne.

Honoré ſeigneur Gabriel de Chaumirey, ſeigneur dudict Iche en partie, pour ſon fief dudict lieu, auſſi en perſonne.

Honoré ſeigneur, Antoine de Tavagny, gouverneur au comté de Bitche, & damoiſelle Catherine de ſainct Belin ſa femme, relicte de feu Philippe de Serocourt, quand vivoit, ſeigneur de Romain ſur Meuze, Illoud, &c. au nom & comme ayant la garde noble des enfans dudict feu ſieur de Romain & d'elle, par ledict Aubertin, fondé de procuration, pour leſdictes ſeigneuries de Romain, Illoud, & autres qu'ils tiennent eſdicts siéges & prévoſtez.

Honoré ſeigneur Marc des Salines, & Chriſtophle de Bertheleville, tant en leurs noms que de damoiſelle Antoinette, & Magdelaine leurs femmes, pour les terres & fiefs qu'ils tiennent eſdicts siéges & prévoſtez, par ledict Chriſtophle, & maiſtre Pierre de Sandrecourt, fondez de procuration, pour ledict ſieur de Sallines.

Honoré ſeigneur Baltazard de Suzemont, ſieur de la maiſon forte de Brainville, pour ce qu'il tient audict siége de Sainct Thiébault, en perſonne,

Honoré ſeigneur Pierre de Bertheleville, ſeigneur de Senaide en partie, gentilhomme de la maiſon du Roy de France, pour ſon fief dudict Senaide, en perſonne.

BIBLIOTHÈQUE NATIONALE R.F. IMPRIMÉS

Honoré ſeigneur, Jacques de Merlet, ſeigneur de d'Ampremont, Maxey ſur Voiſe, pour les fiefs qu'il tient eſdicts ſiéges & prévoſtez, par le ſieur d'Amanty.

Honoré ſeigneur Claude de Verrieres, ſieur d'Amanty, pour les terres qu'il tient eſdicts ſiége & prévoſté, en perſonne.

Honoré ſeigneur, Jean de Mont, ſeigneur de Demenge aux eaues en partie, pour ſa ſeigneurie dudict lieu, & autres qu'il tient eſdicts ſiége & prévoſté, par François de Biliſtin, ſieur de Julvecourt.

Honoré ſeigneur, Jean de Baugy, ſeigneur dudict Demenge en partie, pour ſa ſeigneurie dudict lieu, & autres terres qu'il a eſdicts ſiége & prévoſté, par Baſtien Huſſon, fondé de procuration.

François de Biliſtin, ſieur de Julvecourt, pour ſon fief d'Abieville, en perſonne.

Les ſieurs de Malabarbe, & de Haudreſſon, pour ce qu'ils tiennent eſdictes prévoſtez, par ledict ſieur d'Amanty.

Honoré ſeigneur Gaſpard du Pont ſieur dudict lieu, Malleroy, &c. pour les fiefs qu'il tient eſdicts ſiége & prévoſté, par Francois Billard, fondé de procuration, aſſiſté dudict du Molinet.

Honoré ſeigneur, Guillaume d'Aulnęy, ſieur de Belcharmoy, pour les terres qu'il tient eſdicts ſiége & prévoſté, par Jacques Remy.

Maiſtre Jean Quilly, eſcuyer, conſeiller de ſon ALTESSE, par maiſtre Charles Quilly, auſſi eſcuyer, ſon fils.

Claude de Joiſel l'aiſné, ſeigneur de Montavaulx, par ledict maiſtre Charles Quilly, fondé de procuration.

Claude Joisel le jeune, escuyer, par ledict Charles Quilly.

Henry d'Aulcy, escuyer, gruyer de Bar, en personne.

Henry de Ragecourt, escuyer, sieur dudict lieu, par ledict Aubertin, fondé de procuration.

Guillaume du Haultoy, sieur de Blondefontaine, par ledict Blanchevoye.

Alexandre de Vauldrey, seigneur dudict lieu, en personne, assisté dudict Vermisson.

Thomas de Cachedenier, sieur dudict Blondefontaine en partie, par ledict Vermisson, fondé de procuration.

Simon de Myon sieur de Saulx, pour les fiefs qu'il tient esdicts siége & prévostez, en personne.

Pierre Berget l'aisné, escuyer, pour ce qu'il tient esdicts siége & prévostez, en personne.

Pierre Berget le jeune aussi escuyer, son fils, sieur de Rocourt en partie, pour son fief dudict Rocourt.

Jean de Marcheville, sieur de Seraumont, escuyer, pour ce qu'il tient esdicts siége & prévostez, en personne.

Jean le Tondeur, sieur de Dainville en partie, pour ce qu'il tient esdicts siége & prévostez, par ledict Quilly, fondé de procuration.

Maistre Antoine Bouvot, escuyer, conseiller du Roy, président en l'eslection de Lengres, pour ce qu'il tient audict siége de Sainct Thiebault, tant à cause de damoiselle Marguerite Levain sa femme, que comme ayant la charge & administration des corps & biens d'Abraham & Jean de Bar, enfans de feu Dominicque de Bar, escuyer, en son vivant seneschal de la Mothe, & Bourmont, en personne.

Maistre Gilles Rose, conseiller du Roy, au siége présidial de Chaulmont, par Jean Nicolas, fondé de procuration.

Noble homme Nicolas Heraudel, sieur de Mandres en partie, pour ce qu'il tient de fief au lieu d'Ouziéres, en personne.

Noble homme François Simonin, pour ce qu'il tient de fief en la prévosté de Gondrecourt, en personne.

Alexandre Quilly, sieur de Romenas, par ledit Charles Quilly.

Martin des Jobarts, sieur Deshalles, de Gondrecourt en partie, pour ce qu'il tient en la prévosté dudict lieu, par ledict Quilly fondé de procuration.

Philippe Hurault, Mongin Hurault, escuyers, & Claude Hurault, sieurs de Maisoncelle en partie, par ledict Jean Nicolas, fondé de procuration.

Noble homme Michel Cohervault demeurant à Abieville, en personne.

Humbert, Claude, Bertrand, Nicolas, Matthieu, & Claude du Houlx escuyers, par ledict Humbert assisté dudict Aubertin.

Damoiselle Anne le Bœuf, pour ce qu'elle tient esdictes prévostez, par ledict Collin, fondé de procuration.

Les héritiers messire Luc Chaillot, en son vivant conseiller en la cour de parlement de Dolles, pour les terres & fiefs qu'ils tiennent esdictes prévostez, par Antoine Gérard procureur de François Thiery, tuteur des enfans dudict feu Chaillot.

Ledict procureur a dict avoir faict assigner, pardevant nous les sieurs de Haraucourt, d'Anserville, Gournay, Bassompierre, Gouhecourt, sieur des Vothons en partie, Noiresontaine, Pierre des Jobarts, & Jean de Bar escuyers, demeurans à Andelincourt, & Abiéville, & noble homme, Charles de Rup, pour les terres qu'ils tiennent esdictes prévostez, contre lesquels non comparans, il a requis déffault pur & simple, & pour le proffit, qu'il soit dict qu'il sera passé outre à la rédaction desdictes coustumes, sans qu'il soit besoing les appeller de nouveau, sauf s'ils comparent pendant la séance des présens estats, ils y seront receus & ouys, ce qu'a esté ordonné.

De plus nous a esté remonstré par honoré seigneur, François de Dompmartin, chevalier, seigneur dudict lieu, Germiny, &c. qu'à l'appel de hault & puissant prince, Charles Philippe de Crouy, marquis de Havrey, l'on l'auroit qualifié sieur de Clairez la coste, assize en ce bailliage, ressort dudict Gondrecourt, duquel lieu pareillement il remontrant s'en dict estre seigneur en partie. Occasion qu'il requéroit estre joinct avec ledict sieur marquis, & mis au roole des comparitions, protestant que les présentations dudict sieur marquis faictes par ledict sieur de Myon, assisté de J. Thomas, ès noms qu'ils se sont présentez, ne luy puissent préjudicier, lequel sieur de Myon en son nom a faict protestation contraire, & dict avoir le droict prétendu par ledict sieur de Dompmartin par acquisition, sur quoy avons aux parties respectivement octroyé act de leurs protestations.

Les gens d'église, vassaulx, de la noblesse, & du tiers estat, de la terre & prévosté de Gondrecourt, comparans par lesdicts Huart sieur d'Amanty, & Gourdot, ont déclaré qu'ils comparent suivant le mandement de monseigneur, pour entendre à la rédaction des coustumes du bailliage du Bassigny seulement, & remontrent que de tous temps la justice leur a esté administrée par les sieurs bailly du Bassigny, ou leurs lieutenans, au siége dudit Gondrecourt, en cas desquels la cognoissance leur a appartenu. Supplient très-humblement à sadicte ALTESSE, les vouloir maintenir en leur anciens droicts, franchises & libertez, ainsi qu'ils ont esté conservez du passé, requérans que leurs remonstrances & supplications soient insérées au présent procez verbal, ce qu'a esté ordonné, & au pardessus dict qu'ils se pourvoiront comme ils trouveront à faire par raison.

Et pour le tiers estat dudict siége de Sainct Thiebault & prévostez, ont comparuz:

LEDICT maistre Jean de l'Isle, lieutenant, en personne.

Ledict de Villiers, procureur, en personne.

Ledict Mombelet, lieutenant particulier, en personne.

Maistre Jean Thiery, licentié ès loix, nostre lieutenant au siége dudict Gondrecourt, en personne.

Maistre Antoine Robert, licentié ès loix, séneſchal, gruyer & recepveur eſdictes séneſchaulcées, audict siége de Sainct Thiebault, en perſonne.

Maiſtre Jean Thomas, licentié ès loix, prévoſt, gruyer & recepveur de ladicte Marche, en perſonne.

Nobles hommes Guillaume Berenger, prévoſt, gruyer & recepveur, & Didier Deshazards, controolleur de la terre & prévoſté de Gondrecourt, par ledict Gourdot.

Maiſtre Jean Vermiſſon, licentié ès loix, prévoſt de Chaſtillon ſur Saone, en perſonne.

Maiſtre Nicolas Guillaume, ſubſtitut dudict procureur général, au siége de Sainct Thiebault, en ce qui eſt de ladicte séneſchaulcée de la Mothe, en perſonne.

Maiſtre François Genin, licentié ès droicts, advocat audict bailliage, & ſubſtitut dudict procureur, au siége de Sainct Thiebault, en ce qu'eſt de la séneſchaulcée dudict Bourmont, en perſonne.

Maiſtre Nicol Petit, ſubſtitut dudict procureur, à ladicte Marche, en perſonne.

Maiſtre Jean Gourdot, ſubſtitut dudict procureur, en la terre & prévoſté dudict Gondrecourt, en perſonne.

Maiſtre Pierre Savarin, ſubſtitut dudict procureur, en la terre & prévoſté dudict Chaſtillon.

Maiſtre Julien Meurtel, ſubſtitut dudict procureur général, en la terre & prévoſté de Conflans, en perſonne.

Jean Michel, ſubſtitut dudict procureur, à Liffol le grand, en perſonne.

Honoré Remy, commis au greffe dudict bailliage, pour lesdicts siége & prévostez, en personne.

Maistre Charles Quilly, escuyer.

Maistre Regnault Gorret.

Maistre Matthieu Aubertin.

Maistre Mammes Collin, licentié ès loix, advocat audict bailliage, en personne.

Maistre Pierre Jacquin, lieutenant en la prévosté de ladicte Marche, en personne.

Maistre Pierre Jacquinet, clerc-juré, & controlleur en ladite Prévosté de la Marche, en personne.

Maistre Louys Varry, commis du greffier audict bailliage, siége de ladite Marche, en personne.

Jean Gaignot, aussi commis du greffier audict siége de Sainct Thiebault, en personne.

Maistre Olivier de Hasterel, procureur audict bailliage, en personne.

Maistre Valentin Morel, aussi procureur audict bailliage, en personne.

Pierre Savarin, praticien, demeurant à Chastillon, en personne.

Sulpin Vermisson, praticien audict lieu, en personne.

Guillaume Mardiot, Bastien Thomas Gaudet, Robert Barbel, & Gérard Martin, sergens audict bailliage, en personnes.

Les manans & habitans dudict Sainct Thiebault, par ledict Gaignot, & Jean Finot, fondez de procuration.

Les manans & habitans de Heuillecourt, par Estienne Daudenet l'aisné, & Estienne Thiebault, fondez de procuration.

Les manans & habitans de Gonçourt, par Jean

Jean Regnard l'aisné, Claude Sebillotte, & Jean Bourdot, fondez de procuration.

Les habitans de Veroncourt, par Jean Martin, & Simon Subtil, fondez de procuration.

Les habitans d'Ouzieres, par Jean Monginot, & Mongeot Saulcy, fondez de procuration.

Les manans & habitans de Bazoilles, par Regnier Mareschal, Martin Matthieu, & Claude Gillot, fondez de procuration, assistez dudict Guillaume.

Les manans & habitans de Liffol le grand, par Nicolas Floriot, Jean Michel, Claude Philebert, & Bastien Perrin, fondez de procuration.

Les habitans de Villorcel, par Henry Didier, & Gérard Deschault, fondez de procuration.

Les habitans de Romain sur Meuze, par Martin Gennel, & Gerard de Velle, fondez de procuration.

Les habitans d'Illoud, par Simon la Barre, fondé de procuration.

Les habitans de Hareyville en ce qu'est dudict siége de Sainct Thiebault, par ledict Guillaume.

Les bourgeois, manans & habitans de la ville de la Marche, & Orehemaison, par lesdicts maistres Matthieu Aubertin, Faultier, & Regnault Gorret, fondez de procuration.

Les manans & habitans de Blevaincourt, en ce qu'est de ladicte prévosté de la Marche, par Jean de Poisson, Didier Bricard, Nicolas Jacquot & Jean Jacquin, fondez de procuration, assistez dudict du Molinet.

Les habitans de Rozieres, par François Vomchelin, & Roch Patillot, fondez de procuration, assistez dudict du Molinet.

Les habitans de Thollaincourt, par Gérard Martin, fondé de procuration.

Les habitans de Rocourt, par Liegier Roussel, & Nicolas Barret, fondez de procuration.

Les habitans de Martigny, en ce qu'est de la prévosté de la Marche, par Nicolas & Jean Berthemin, fondez de procuration.

Les habitans d'Ainvelle, par Nicolas Bertier, & Jean Barbier, assistez dudict Aubertin.

Les manans & habitans de Serocourt, par Nicolas Thomassin, & Pierre Girardot, fondez de procuration.

Les habitans de Sainct Julien, par Blaise Mongin, & Jean Pernot, fondéz de procuration.

Les habitans de Frain, par Jean Morise, & Jacquot de l'Esguille, fondez de procuration.

Les habitans de Provenchieres, par Jean Humbert, mayeur, & Aulbert Huot, fondez de procuration.

Les habitans des Thons, par maistre Jean Menestrey, & Pierre Febvre, fondez de procuration.

Les habitans de Fouchecourt, par Jean Clerc, & Masselain de Frain, fondez de procuration.

Les manans & habitans de Bleureville, par Nicolas Humbert, & Jean Levillot, fondez de procuration.

Les habitans de Lironcourt, par Pierre Jacquet, fondé de procuration.

Les habitans d'Iche, par Pierre Genin, Jean Byot, & Nicolas Florent, fondez de procuration.

Les habitans de Tignecourt, par Jean Arnould, fondé de procuration.

Les habitans de Morisecourt, par Jean Courtinet, & Valentin Richard, fondez de procuration, aſſiſtez dudict Aubertin.

Les habitans de Saulxures, par Jacques Girardot, & Jean Fromont, fondez de procuration.

Les habitans de Senaide, par Claude Rouſſel, & Henry Mongin, fondez de procuration, aſſiſtez dudict Vermiſſon.

Les habitans d'Amenvelle, par ledict Vermiſſon, fondé de procuration.

Les habitans d'Orivelle, par ledict Vermiſſon, fondé de procuration.

Les habitans de Malleroy, par François Billard, aſſiſté dudict du Molinet, fondé de procuration.

Les manans & habitans de Romain aux Bois, par François Gérard, fondé de procuration.

Les habitans de Becharmoy, paz Jacques Remy, fondé de procuration.

Les manans & habitans de la ville & faulbourg dudict Gondrecourt le Chaſtel, par ledict Gourdot, Nicolas le Rot, & Jean Nicolas, fondez de procuration.

Les habitans de Gouſſaincourt, par Jean fondé de procuration.

Les habitans de Baudainvilliers, par Jean Thiebault, fondé de procuration.

Les manans & habitans d'Eſpie, par Robert Barbel, fondé de procuration.

Les habitans de Domp Remy, par Nicolas Nobleſſe, fondé de procuration.

Les habitans d'Eruffe, par Claudin Thomas, fondé de procuration.

Les habitans de Burey en Val, par ledict Robert Barbel, fondé de procuration.

Les manans & habitans d'Amanty, par le sieur dudist lieu, fondé de procuration.

Les habitans de Pargney sur Meuze, par Georges Brocard, en vertu de procuration.

Les habitans de Maxey sur Voize, par ledict Gourdot, par procuration.

Les habitans d'Abieville, par Matthieu Nivet, fondé de procuration.

Les habitans de Houdelaincourt, par Claude Petit, mayeur, par procuration.

Les habitans de Baudignecourt, par Demengeot Brochard, en vertu de procuration.

Les habitans de Demenge aux eaues, par Gérard Sebille, & Bastien Husson, fondez de procuration.

Les habitans de Mauvage, par ledict Gourdot, fondé de procuration.

Les habitans de Nefve en Blois, par ledict Gourdot, fondé de procuration.

Les habitans de Brexey en Blois, par ledict Gourdot, fondé de procuration.

Les habitans de Vothon hault, par Jean Maistresse, fondé de procuration.

Les habitans de Vothon bas, par ledict Maistresse, fondé de procuration.

Les habitans de Lezeville, par ledict Gourdot, en vertu de procuration.

Les habitans de Dehorville, par ledict Gourdot, fondé de procuration.

Les habitans de Dainville, par ledict Gourdot, fondé de procuration.

Les habitans de Clerey, par maistre Jean Thomas, fondé de procuration.

Les manans & habitans de la ville & faulbourg de Chastillon sur Saone, par ledict Vermisson, fondé de procuration.

Les manans & habitans de Carre, par ledict Vermisson, fondé de procuration.

Les habitans de Blondefontaine, par ledict Vermisson, fondé de procuration.

Les habitans de Grignoncourt, par ledict Vermisson, fondé de procuration.

Les habitans de Bosseraucourt, par ledict Vermisson, fondé de procuration.

Les habitans de Melay, par Jean Jarain, fondé de procuration, assisté dudict Collin.

Les bourgeois, manans & habitans de la ville de Conflans, par ledict Meurtel, fondé de procuration.

Les habitans & communaulté de Haultevelle, par ledict Meurtel, fondé de procuration.

Les habitans & Communaulté de Dampierre, par ledict Meurtel, fondé de procuration.

Et après que ledict procureur a remonstré avoir faict donner assignation aux manans, habitans, & communaulté de Girefontaine, Sainct Loup, Janey, Plainemont, Bolligny, Corbenay, Aillevilliers, Laveure & Francalmont, villages de la terre, prévosté & ressort dudict Conflans: comme apparoissoit par les exploits de François Barbier, & François Clerget, sergens audict Conflans. Avons audict procureur ce requérant contre les dessusnommez, non comparans, ny autres pour eux octroyé deffault, & dict qu'il sera passé outre, tant en leur absence, que présence, à la présente rédaction, sans qu'il soit besoing de nouveau les appeller, ſauf s'ils comparent pendant la ſéance, ils ſeront receuz & ouys.

Auquel procureur ce requérant a eſté pareillement octroyé deffault contre les manans & habitans de Vogecourt, & de Clinchamps non comparans, avec tel proffict que deſſus.

Et en outre lui a eſté octroyé act de ce qu'il a remonſtré n'eſtre deuëment informé des qualitez des comparans, & ignorez ſi aucunes d'icelles ſont uſurpées ou non, & de ce qu'il a proteſté qu'elles ne puiſſent préjudicier à ſon ALTESSE, & ordonné qu'icelles proteſtations ſeront inſérées au préſent procez verbal, pour l'un & pour l'autre des reſſorts.

FIN DU PROCEZ VERBAL.

BIBLIOTHÈQUE NATIONALE IMPRIMÉS R.F.

PRIVILÉGE DU ROI.

STANISLAS, par la grace de Dieu, Roi de Pologne, Grand Duc de Lithuanie, Russie, Prusse, Mazovie, Samogitie, Kiovie, Volhinie, Podolie, Podlachie, Livonie, Smolensko, Sevérie, Czernichovie, Duc de Lorraine & de Bar, Marquis de Pont-à-Mousson & de Nomeny, Comte de Vaudémont, de Blâmont, de Sarwerden & de Salm. A nos amés & féaux les Présidens, Conseillers & Gens tenans notre Cour Souveraine de Lorraine & Barrois, Baillifs, Lieutenans Généraux, Particuliers, Assesseurs Civils & Criminels, Conseillers & Gens tenans nos Bailliages de Bar, de la Marche & à tous autres qu'il appartiendra; SALUT. Henry Thomas, Imprimeur & Libraire en notre bonne Ville de Nancy, Nous a très-humblement fait représenter, que les Coutumes qui régissent les différentes parties de nos États, ayant la plûpart été imprimées immédiatement après leurs homologations, que les premières éditions faites sous les yeux des Rédacteurs ont été très-exactes & le débit s'en est fait dans peu de tems; mais devenuës rares par le laps du tems de leur rédaction, elles furent réimprimées différentes fois avec si peu d'exactitude, qu'il s'y trouve des fautes & omissions qui pouroient devenir préjudiciables au Public; que pour y remédier & prévenir les inconvéniens qui peuvent résulter des défauts de ces dernières éditions, il seroit avantageux de faire une nouvelle réimpression desdites Coutumes sur les anciens exemplaires qui sont les plus corrects; & comme il y en a quelques unes particulières qui sont manuscrites, il seroit également du bon ordre pour éviter les changemens & altérations qui pouroient s'y faire de les imprimer afin de les rendre plus exactes & communes; l'Exposant qui s'est appliqué depuis quelques années à faire la recherche de tous les anciens exemplaires tant imprimés que manuscrits desdites différentes Coutumes qui font Loix dans nos Tribunaux, se trouveroit en état d'en entreprendre la réimpression s'il Nous plaisoit lui en accorder la permission, & pour l'indemniser des frais considérables qu'il sera obligé d'exposer pour y parvenir, lui en accorder le Privilége exclusif pendant vingt ans. A quoi inclinant favorablement, après avoir renvoyé la Requête qu'il Nous a présenté à ce sujet, à notre cher & féal Conseiller d'État & Procureur Général de Lorraine & Barrois le Sieur de Toustain de Viray, & vû sur ce son avis.

A ces causes, Nous avons permis & accordé, permettons & accordons par ces présentes audit Henry Thomas, de réimprimer, à l'exclusion de tous autres, pendant l'espace & terme de vingt années consécutives, qui commenceront à courir du jour & date des présentes, sur les anciens exemplaires les plus corrects, & imprimer sur les manuscrits les plus exacts; sçavoir : *Les Coutumes Générales de notre Duché de Lorraine, celles de Bar-le-Duc, de St. Mihiel, d'Épinal, de* [illegible], *de Blâmont, de*

RF
IMPRIMÉS

Baſſigny, de Chaumont en Baſſigny, Coutumes de l'Evêché de Metz & Thionville, & celle particulière de la Breſſe des Vôges, en telles formes, marges & caractères & autant de fois que bon lui ſemblera, de les vendre, faire vendre, débiter & diſtribuer dans tous nos États, Pays, Terres & Seigneuries de notre obéiſſance, durant ledit terme de vingt ans. Faiſons très-expreſſes inhibitions & défenſes à tous Imprimeurs, Libraires & autres de quelque qualité & conditions qu'ils ſoient, d'imprimer ni réimprimer, vendre ni débiter leſdites Coutumes, ſous quelque prétexte ce puiſſe être, même d'impreſſion ou réimpreſſion étrangère, changement ni augmentation, ſans le conſentement exprès de l'Expoſant ou de ſes ayans-cauſe, à peine de mille livres d'amende, applicable un tiers au dénonciateur, un tiers à l'hopital le plus prochain de la repriſe, & l'autre tiers à l'Expoſant, outre la confiſcation à ſon profit de tous les exemplaires contrefaits, à charge néanmoins que l'impreſſion s'en fera dans noſdits États & non ailleurs, en bon papier & beaux caractères, & avant de les expoſer en vente d'en remettre deux exemplaires de chacune deſdites Coutumes en notre Bibliothéque Royale, deux en celle de notre Bibliothéque publique à Nancy, & deux en celle de notre très-cher & féal Chevalier, Chancelier, Garde de nos Seaux & Chef de nos Conſeils le Sieur de la Galaiziere, & de faire régiſtrer les préſentes ſur le livre de la Communauté des Imprimeurs & Libraires de notredite Ville de Nancy, à peine de nullité des préſentes, du contenu deſquelles nous vous mandons & enjoignons de faire jouir l'Expoſant pleinement & paiſiblement, ceſſant & faiſant ceſſer tous troubles & empêchemens contraires. Voulons qu'en imprimant copie du préſent Privilège au commencement ou à la fin de chacun exemplaire, il ſoit tenu pour bien & duement ſignifié. Mandons en outre au premier notre Huiſſier, ou autre Huiſſier ou Sergent ſur ce requis, de faire pour l'exécution des préſentes, toutes ſignifications, défenſes, ſaiſies & autres actes néceſſaires dans tous nos États, Pays, Terres & Seigneuries de notre obéiſſance, ſans pour ce demander autre permiſſion, viſa, ni paréatis. CAR AINSI NOUS PLAIT, en foi de quoi nous avons aux préſentes ſignées de notre main, & contreſignées par l'un de nos Conſeillers Sécretaire d'État, Commandemens & Finances, fait mettre & appoſer notre Scel ſecret. DONNÉ en norre Ville de Lunéville le treize Mai mil ſept cent cinquante-quatre.

STANISLAS ROY.

Par le Roy, ROÜOT.

Regiſtrata, GUIRE.

Régiſtré ſur le régiſtre de la Communauté des Imprimeurs-Libraires de Nancy, le 16 Mai 1754, fol. 42, 43 & 44. P. ANTOINE.

www.ingramcontent.com/pod-product-compliance
Ingram Content Group UK Ltd.
Pitfield, Milton Keynes, MK11 3LW, UK
UKHW021543260726
13993UKWH00002B/603